Kacper Adam   7 ème 6

Collection folio junior

dirigée par
Jean-Olivier Héron
et Pierre Marchand

Antoine de **Saint-Exupéry** est né à Lyon, le 29 juin 1900. Il passe son enfance chez sa tante, près d'Ambérieu, puis fait ses études à Sainte-Croix-du-Mans, en Suisse, et à Paris où il prépare l'Ecole navale. Cependant, il échoue à l'oral du concours d'entrée à cette école : il décide alors de suivre les cours de l'Ecole des Beaux-Arts.

En 1921, il fait son service militaire à Strasbourg, dans l'armée de l'Air. Il apprend à piloter, et dès lors, sa carrière est tracée. Au sortir de l'armée, en 1923, il fait différents métiers. Il se met à écrire et publie, en 1925, son premier récit, dont l'action se situe dans le monde de l'aviation.

En 1926, Saint-Exupéry entre chez Latécoère, société d'aviation qui assure le transport du courrier de Toulouse à Dakar, comme pilote. Puis, il est nommé chef d'escale de Port Juby, dans le Rio de Oro. C'est à cette époque qu'il écrit *Courrier Sud* (1929).

En compagnie de Mermoz et Guillaumet, il part pour l'Amérique du Sud afin d'y étudier la possibilité de créer de nouvelles lignes aériennes. Il publie, en 1931, *Vol de nuit* dont le succès est considérable.

Cependant, la société Latécoère fait faillite : attaché à Air France en 1935, il essaie de battre le record Paris-Saigon en avion, sans succès. Puis en 1938, il essaie de relier New York à la Terre de Feu : grièvement blessé au cours de sa tentative, il passe de longs mois de convalescence à New York. Il publie alors *Terre des hommes* (1939).

Pendant la Seconde Guerre mondiale, il fait partie de l'armée de Libération : le pilotage lui est interdit car il est trop âgé. Cependant, Saint-Exupéry insiste pour obtenir des missions : le 31 juillet 1944, il s'envole de Borgo en Corse. Il ne reviendra jamais. Durant la guerre, il avait publié trois ouvrages : *Pilote de guerre, Lettre à un otage,* et *Le Petit Prince,* en 1943.

Je demande pardon aux enfants d'avoir dédié ce livre à une grande personne. J'ai une excuse sérieuse : cette grande personne est le meilleur ami que j'ai au monde. J'ai une autre excuse : cette grande personne peut tout comprendre, même les livres pour enfants. J'ai une troisième excuse : cette grande personne habite la France où elle a faim et froid. Elle a bien besoin d'être consolée. Si toutes ces excuses ne suffisent pas, je veux bien dédier ce livre à l'enfant qu'a été autrefois cette grande personne. Toutes les grandes personnes ont d'abord été des enfants. (Mais peu d'entre elles s'en souviennent.) Je corrige donc ma dédicace :

À Léon Werth
quand il était petit garçon.

Je crois qu'il profita, pour son évasion,
d'une migration d'oiseaux sauvages.

Antoine de Saint-Exupéry

Le Petit Prince

avec les dessins de l'auteur

Gallimard

ISBN 2-07-051328-9
Loi n° 49-956 du 16 juillet 1949
sur les publications destinées à la jeunesse

© Éditions Gallimard, 1946, pour le texte et les illustrations
© Éditions Gallimard, 1987, pour le supplément
© Éditions Gallimard Jeunesse, 1997, pour la présente édition
Dépôt légal : septembre 1997
1er dépôt légal dans la même collection : décembre 1987
N° d'éditeur : 83971 - N° d'imprimeur : 78163

Imprimé en France sur les presses de l'Imprimerie Hérissey

I

Lorsque j'avais six ans j'ai vu, une fois, une magnifique image, dans un livre sur la Forêt Vierge qui s'appelait « Histoires Vécues ». Ça représentait un serpent boa qui avalait un fauve. Voilà la copie du dessin.

On disait dans le livre : « Les serpents boas avalent leur proie tout entière, sans la mâcher. Ensuite ils ne peuvent plus bouger et ils dorment pendant les six mois de leur digestion. »

J'ai alors beaucoup réfléchi sur les aventures de la jungle et, à mon tour, j'ai réussi, avec un crayon de couleur, à tracer mon premier dessin. Mon dessin numéro 1. Il était comme ça :

J'ai montré mon chef-d'œuvre aux grandes personnes et je leur ai demandé si mon dessin leur faisait peur.

Elles m'ont répondu : « Pourquoi un chapeau ferait-il peur ? »

Mon dessin ne représentait pas un chapeau. Il représentait un serpent boa qui digérait un éléphant. J'ai alors dessiné l'intérieur du serpent boa, afin que les grandes personnes puissent comprendre. Elles ont toujours besoin d'explications. Mon dessin numéro 2 était comme ça :

Les grandes personnes m'ont conseillé de laisser de côté les dessins de serpents boas ouverts ou fermés, et de m'intéresser plutôt à la géographie, à l'histoire, au calcul et à la grammaire. C'est ainsi que j'ai abandonné, à l'âge de six ans, une magnifique carrière de peintre. J'avais été découragé par l'insuccès de mon dessin numéro 1 et de mon dessin numéro 2. Les grandes personnes ne comprennent jamais rien toutes seules, et c'est fatigant, pour les enfants, de toujours et toujours leur donner des explications.

J'ai donc dû choisir un autre métier et j'ai appris à piloter des avions. J'ai volé un peu partout dans le monde. Et la géographie, c'est exact, m'a beaucoup servi. Je savais reconnaître, du premier coup d'œil, la Chine de l'Arizona. C'est très utile, si l'on est égaré pendant la nuit.

J'ai ainsi eu, au cours de ma vie, des tas de contacts avec des tas de gens sérieux. J'ai beaucoup vécu chez les grandes personnes. Je les ai vues de très près. Ça n'a pas trop amélioré mon opinion.

Quand j'en rencontrais une qui me paraissait un peu lucide, je faisais l'expérience sur elle de mon dessin numéro 1 que j'ai toujours conservé. Je voulais savoir si elle était vraiment compréhensive. Mais toujours elle me répondait : « C'est un chapeau. » Alors je ne lui parlais ni de serpents boas, ni de forêts vierges, ni d'étoiles. Je me mettais à sa portée. Je lui parlais de bridge, de golf, de politique et de cravates. Et la grande personne était bien contente de connaître un homme aussi raisonnable.

II

J'AI ainsi vécu seul, sans personne avec qui parler véritablement, jusqu'à une panne dans le désert du Sahara, il y a six ans. Quelque chose s'était cassé dans mon moteur. Et comme je n'avais avec moi ni mécanicien, ni passagers, je me préparai à essayer de réussir, tout seul, une réparation difficile. C'était pour moi une question de vie ou de mort. J'avais à peine de l'eau à boire pour huit jours.

Le premier soir je me suis donc endormi sur le sable à mille milles de toute terre habitée. J'étais bien plus isolé qu'un naufragé sur un radeau au milieu de l'Océan. Alors vous imaginez ma surprise, au lever du jour, quand une drôle de petite voix m'a réveillé. Elle disait :

— S'il vous plaît... dessine-moi un mouton !

— Hein !

— Dessine-moi un mouton...

J'ai sauté sur mes pieds comme si j'avais été frappé

par la foudre. J'ai bien frotté mes yeux. J'ai bien regardé. Et j'ai vu un petit bonhomme tout à fait extraordinaire qui me considérait gravement. Voilà le meilleur portrait que, plus tard, j'ai réussi à faire de lui. Mais mon dessin, bien sûr, est beaucoup moins ravissant que le modèle. Ce n'est pas ma faute. J'avais été découragé dans ma carrière de peintre par les grandes personnes, à l'âge de six ans, et je n'avais rien appris à dessiner, sauf les boas fermés et les boas ouverts.

Je regardai donc cette apparition avec des yeux tout ronds d'étonnement. N'oubliez pas que je me trouvais à mille milles de toute région habitée. Or mon petit bonhomme ne me semblait ni égaré, ni mort de fatigue, ni mort de faim, ni mort de soif, ni mort de peur. Il n'avait en rien l'apparence d'un enfant perdu au milieu du désert, à mille milles de toute région habitée. Quand je réussis enfin à parler, je lui dis :

— Mais... qu'est-ce que tu fais là ?

Et il me répéta alors, tout doucement, comme une chose très sérieuse :

— S'il vous plaît... dessine-moi un mouton...

Quand le mystère est trop impressionnant, on n'ose pas désobéir. Aussi absurde que cela me semblât à mille milles de tous les endroits habités et en danger de mort, je sortis de ma poche une feuille de papier et un stylographe. Mais je me rappelai alors que j'avais surtout étudié la géographie, l'histoire, le calcul et la grammaire et je dis au petit bonhomme (avec un peu de mauvaise humeur) que je ne savais pas dessiner. Il me répondit :

— Ça ne fait rien. Dessine-moi un mouton.

Comme je n'avais jamais dessiné un mouton je refis,

Voilà le meilleur portrait que, plus tard, j'ai réussi à faire de lui.

pour lui, l'un des deux seuls dessins dont j'étais capable. Celui du boa fermé. Et je fus stupéfait d'entendre le petit bonhomme me répondre :

— Non ! Non ! Je ne veux pas d'un éléphant dans un boa. Un boa c'est très dangereux, et un éléphant c'est très encombrant. Chez moi c'est tout petit. J'ai besoin d'un mouton. Dessine-moi un mouton.

Alors j'ai dessiné.

Il regarda attentivement, puis :

— Non ! Celui-là est déjà très malade. Fais-en un autre.

Je dessinai :

Mon ami sourit gentiment, avec indulgence :

— Tu vois bien... ce n'est pas un mouton, c'est un bélier. Il a des cornes...

Je refis donc encore mon dessin :

Mais il fut refusé, comme les précédents :

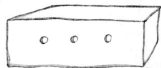

— Celui-là est trop vieux. Je veux un mouton qui vive longtemps.

Alors, faute de patience, comme j'avais hâte de commencer le démontage de mon moteur, je griffonnai ce dessin-ci.

Et je lançai :

— Ça c'est la caisse. Le mouton que tu veux est dedans.

Mais je fus bien surpris de voir s'illuminer le visage de mon jeune juge :

— C'est tout à fait comme ça que je le

voulais ! Crois-tu qu'il faille beaucoup d'herbe à ce mouton ?

— Pourquoi ?

— Parce que chez moi c'est tout petit...

— Ça suffira sûrement. Je t'ai donné un tout petit mouton.

Il pencha la tête vers le dessin :

— Pas si petit que ça... Tiens ! Il s'est endormi...

Et c'est ainsi que je fis la connaissance du petit prince.

III

Il me fallut longtemps pour comprendre d'où il venait. Le petit prince, qui me posait beaucoup de questions, ne semblait jamais entendre les miennes. Ce sont des mots prononcés par hasard qui, peu à peu, m'ont tout révélé. Ainsi, quand il aperçut pour la première fois mon avion (je ne dessinerai pas mon avion, c'est un dessin beaucoup trop compliqué pour moi) il me demanda :

— Qu'est-ce que c'est que cette chose-là ?

— Ce n'est pas une chose. Ça vole. C'est un avion. C'est mon avion.

Et j'étais fier de lui apprendre que je volais. Alors il s'écria :

— Comment ! tu es tombé du ciel ?

— Oui, fis-je modestement.

— Ah ! ça c'est drôle...

Et le petit prince eut un très joli éclat de rire qui m'irrita beaucoup. Je désire que l'on prenne mes malheurs au sérieux. Puis il ajouta :

— Alors, toi aussi tu viens du ciel ! De quelle planète es-tu ?

J'entrevis aussitôt une lueur, dans le mystère de sa présence, et j'interrogeai brusquement :

— Tu viens donc d'une autre planète ?

Mais il ne me répondit pas. Il hochait la tête doucement tout en regardant mon avion :

— C'est vrai que, là-dessus, tu ne peux pas venir de bien loin...

Et il s'enfonça dans une rêverie qui dura longtemps. Puis, sortant mon mouton de sa poche, il se plongea dans la contemplation de son trésor.

Vous imaginez combien j'avais pu être intrigué par cette demi-confidence sur « les autres planètes ». Je m'efforçai donc d'en savoir plus long :

— D'où viens-tu, mon petit bonhomme ? Où est-ce « chez toi » ? Où veux-tu emporter mon mouton ?

Il me répondit après un silence méditatif :

— Ce qui est bien, avec la caisse que tu m'as donnée, c'est que, la nuit, ça lui servira de maison.

— Bien sûr. Et si tu es gentil, je te donnerai aussi une corde pour l'attacher pendant le jour. Et un piquet.

La proposition parut choquer le petit prince :

— L'attacher ? Quelle drôle d'idée !

— Mais si tu ne l'attaches pas, il ira n'importe où, et il se perdra...

Le petit prince sur l'astéroïde B 612.

Et mon ami eut un nouvel éclat de rire :

— Mais où veux-tu qu'il aille ?

— N'importe où. Droit devant lui...

Alors le petit prince remarqua gravement :

— Ça ne fait rien, c'est tellement petit, chez moi !

Et, avec un peu de mélancolie, peut-être, il ajouta :

— Droit devant soi on ne peut pas aller bien loin...

IV

J'AVAIS ainsi appris une seconde chose très importante : C'est que sa planète d'origine était à peine plus grande qu'une maison !

Ça ne pouvait pas m'étonner beaucoup. Je savais bien qu'en dehors des grosses planètes comme la Terre, Jupiter, Mars, Vénus, auxquelles on a donné des noms, il y en a des centaines d'autres qui sont quelquefois si petites qu'on a beaucoup de mal à les apercevoir au télescope. Quand un astronome découvre l'une d'elles, il lui donne pour nom un numéro. Il l'appelle par exemple : « l'astéroïde 3251 ».

J'ai de sérieuses raisons de croire que la planète d'où venait le petit prince est l'astéroïde B 612. Cet astéroïde n'a été aperçu qu'une fois au télescope, en 1909, par un astronome turc.

Il avait fait alors une grande démonstration de sa découverte à un Congrès International d'Astronomie. Mais personne ne l'avait cru à cause de son costume. Les grandes personnes sont comme ça.

Heureusement pour la réputation de l'astéroïde B 612 un dictateur turc imposa à son peuple, sous peine de mort, de s'habiller à l'européenne. L'astronome refit sa démonstration en 1920, dans un habit très élégant. Et cette fois-ci tout le monde fut de son avis.

Si je vous ai raconté ces détails sur l'astéroïde B 612 et si je vous ai confié son numéro, c'est à cause des grandes personnes. Les grandes personnes aiment les chiffres. Quand vous leur parlez d'un nouvel ami, elles ne vous questionnent jamais sur l'essentiel. Elles ne vous disent jamais : « Quel est le son de sa voix ? Quels sont les jeux qu'il préfère ? Est-ce qu'il collectionne les papillons ? » Elles vous demandent : « Quel âge a-t-il ? Combien a-t-il de frères ? Com-

bien pèse-t-il ? Combien gagne son père ? » Alors seulement elles croient le connaître. Si vous dites aux grandes personnes : « J'ai vu une belle maison en briques roses, avec des géraniums aux fenêtres et des colombes sur le toit... » elles ne parviennent pas à s'imaginer cette maison. Il faut leur dire : « J'ai vu une maison de cent mille francs. » Alors elles s'écrient : « Comme c'est joli ! »

Ainsi, si vous leur dites : « La preuve que le petit prince a existé c'est qu'il était ravissant, qu'il riait, et qu'il voulait un mouton. Quand on veut un mouton, c'est la preuve qu'on existe », elles hausseront les épaules et vous traiteront d'enfant ! Mais si vous leur dites : « La planète d'où il venait est l'astéroïde B 612 », alors elles seront convaincues, et elles vous laisseront tranquille avec leurs questions. Elles sont comme ça. Il ne faut pas leur en vouloir. Les enfants doivent être très indulgents envers les grandes personnes.

Mais, bien sûr, nous qui comprenons la vie, nous nous moquons bien des numéros ! J'aurais aimé commencer cette histoire à la façon des contes de fées. J'aurais aimé dire :

« Il était une fois un petit prince qui habitait une planète à peine plus grande que lui, et qui avait besoin d'un ami... » Pour ceux qui comprennent la vie, ça aurait eu l'air beaucoup plus vrai.

Car je n'aime pas qu'on lise mon livre à la légère. J'éprouve tant de chagrin à raconter ces souvenirs. Il y a six ans déjà que mon ami s'en est allé avec son mouton. Si j'essaie ici de le décrire, c'est afin de ne pas l'oublier. C'est triste d'oublier un ami. Tout le monde n'a pas eu un ami. Et je puis devenir comme les grandes personnes qui ne s'intéressent plus qu'aux chiffres. C'est donc pour ça encore que j'ai acheté une boîte de couleurs et des crayons. C'est dur de se remettre au dessin, à mon âge, quand on n'a jamais fait d'autres tentatives que celle d'un boa fermé et celle d'un boa ouvert, à l'âge de six ans ! J'essaierai, bien sûr, de faire des portraits le plus ressemblants possible. Mais je ne suis pas tout à fait certain de réussir. Un dessin va, et l'autre ne ressemble plus. Je me trompe un peu aussi sur la taille. Ici le petit prince est trop grand. Là il est trop petit. J'hésite aussi sur la couleur de son costume. Alors je tâtonne comme ci et comme ça, tant bien que mal. Je me tromperai enfin sur certains détails plus importants. Mais ça, il faudra me le pardonner. Mon ami ne donnait jamais d'explications. Il me croyait peut-être semblable à lui. Mais moi, malheureusement, je ne sais pas voir les moutons à travers les caisses. Je suis peut-être un peu comme les grandes personnes. J'ai dû vieillir.

V

CHAQUE jour j'apprenais quelque chose sur la planète, sur le départ, sur le voyage. Ça venait tout doucement, au hasard des réflexions. C'est ainsi que, le troisième jour, je connus le drame des baobabs.

Cette fois-ci encore ce fut grâce au mouton, car brusquement le petit prince m'interrogea, comme pris d'un doute grave :

— C'est bien vrai, n'est-ce pas, que les moutons mangent les arbustes ?

— Oui. C'est vrai.

— Ah ! Je suis content.

Je ne compris pas pourquoi il était si important que les moutons mangeassent les arbustes. Mais le petit prince ajouta :

— Par conséquent ils mangent aussi les baobabs ?

Je fis remarquer au petit prince que les baobabs ne sont pas des arbustes, mais des arbres grands comme des églises et que, si même il emportait avec lui tout un troupeau d'éléphants, ce troupeau ne viendrait pas à bout d'un seul baobab.

L'idée du troupeau d'éléphants fit rire le petit prince :

— Il faudrait les mettre les uns sur les autres...

Mais il remarqua avec sagesse :

— Les baobabs, avant de grandir, ça commence par être petit.

— C'est exact ! Mais pourquoi veux-tu que tes moutons mangent les petits baobabs ?

Il me répondit : « Ben ! Voyons ! » comme s'il s'agissait là d'une évidence. Et il me fallut un grand effort d'intelligence pour comprendre à moi seul ce problème.

Et en effet, sur la planète du petit prince, il y avait comme sur toutes les planètes, de bonnes herbes et de mauvaises herbes. Par conséquent de bonnes graines de bonnes herbes et de mauvaises graines de mauvaises

herbes. Mais les graines sont invisibles. Elles dorment dans le secret de la terre jusqu'à ce qu'il prenne fantaisie à l'une d'elles de se réveiller... Alors elle s'étire, et pousse d'abord timidement vers le soleil une ravissante petite brin-

dille inoffensive. S'il s'agit d'une brindille de radis ou
de rosier, on peut la laisser pousser comme elle veut.
Mais s'il s'agit d'une mauvaise plante, il faut arracher
la plante aussitôt, dès qu'on a su la reconnaître. Or il
y avait des graines terribles sur la planète du petit
prince... c'étaient les graines de baobabs. Le sol de la
planète en était infesté. Or un baobab, si l'on s'y prend
trop tard, on ne peut jamais plus s'en débarrasser. Il
encombre toute la planète. Il la perfore de ses racines.
Et si la planète est trop petite, et si les baobabs sont
trop nombreux, ils la font éclater.

« C'est une question de discipline, me disait plus tard le petit prince. Quand on a terminé sa toilette du matin, il faut faire soigneusement la toilette de la planète. Il faut s'astreindre régulièrement à arracher les baobabs dès qu'on les distingue d'avec les rosiers auxquels ils ressemblent beaucoup quand ils sont très jeunes. C'est un travail très ennuyeux, mais très facile. »

Et un jour il me conseilla de m'appliquer à réussir un beau dessin, pour bien faire entrer ça dans la tête des enfants de chez moi. « S'ils voyagent un jour, me disait-il, ça pourra leur servir. Il est quelquefois sans inconvénient de remettre à plus tard son travail. Mais, s'il s'agit des baobabs, c'est toujours une catastrophe. J'ai connu une planète, habitée par un paresseux. Il avait négligé trois arbustes... »

Et, sur les indications du petit prince, j'ai dessiné cette planète-là. Je n'aime guère prendre le ton d'un moraliste. Mais le danger des baobabs est si peu connu, et les risques courus par celui qui s'égarerait dans un astéroïde sont si considérables, que, pour une fois, je fais exception à ma réserve. Je dis : « Enfants ! Faites attention aux baobabs ! » C'est pour avertir mes amis d'un danger qu'ils frôlaient depuis longtemps, comme moi-même, sans le connaître, que j'ai tant travaillé ce dessin-là. La leçon que je donnais en valait la peine. Vous vous demanderez peut-être : Pourquoi n'y a-t-il pas, dans ce livre, d'autres dessins aussi grandioses que le dessin des baobabs ? La réponse est bien simple : J'ai essayé mais je n'ai pas pu réussir. Quand j'ai dessiné les baobabs j'ai été animé par le sentiment de l'urgence.

Les baobabs.

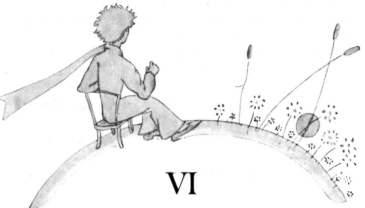

VI

A H ! petit prince, j'ai compris, peu à peu, ainsi, ta petite
vie mélancolique. Tu n'avais eu longtemps pour
distraction que la douceur des couchers de soleil. J'ai
appris ce détail nouveau, le quatrième jour au matin,
quand tu m'as dit :

— J'aime bien les couchers de soleil. Allons voir un
coucher de soleil...

— Mais il faut attendre...

— Attendre quoi ?

— Attendre que le soleil se couche.

Tu as eu l'air très surpris d'abord, et puis tu as ri de
toi-même. Et tu m'as dit :

— Je me crois toujours chez moi !

En effet. Quand il est midi aux États-Unis, le soleil, tout le monde le sait, se couche sur la France. Il suffirait de pouvoir aller en France en une minute pour assister au coucher de soleil. Malheureusement la France est bien trop éloignée. Mais, sur ta si petite planète, il te suffisait de tirer ta chaise de quelques pas. Et tu regardais le crépuscule chaque fois que tu le désirais...

— Un jour, j'ai vu le soleil se coucher quarante-trois fois !

Et un peu plus tard tu ajoutais :

— Tu sais... quand on est tellement triste on aime les couchers de soleil...

— Le jour des quarante-trois fois tu étais donc tellement triste ?

Mais le petit prince ne répondit pas.

VII

Le cinquième jour, toujours grâce au mouton, ce secret de la vie du petit prince me fut révélé. Il me demanda avec brusquerie, sans préambule, comme le fruit d'un problème longtemps médité en silence :

— Un mouton, s'il mange les arbustes, il mange aussi les fleurs ?

— Un mouton mange tout ce qu'il rencontre.

— Même les fleurs qui ont des épines ?

— Oui. Même les fleurs qui ont des épines.

— Alors les épines, à quoi servent-elles ?

Je ne le savais pas. J'étais alors très occupé à essayer de dévisser un boulon trop serré de mon moteur. J'étais très soucieux car ma panne commençait de m'apparaître comme très grave, et l'eau à boire qui s'épuisait me faisait craindre le pire.

— Les épines, à quoi servent-elles ?

Le petit prince ne renonçait jamais à une question, une fois qu'il l'avait posée. J'étais irrité par mon boulon et je répondis n'importe quoi :

— Les épines, ça ne sert à rien, c'est de la pure méchanceté de la part des fleurs !

— Oh !

Mais après un silence il me lança, avec une sorte de rancune :

— Je ne te crois pas ! Les fleurs sont faibles. Elles sont naïves. Elles se rassurent comme elles peuvent. Elles se croient terribles avec leurs épines...

Je ne répondis rien. À cet instant-là je me disais : « Si ce boulon résiste encore, je le ferai sauter d'un coup de marteau. » Le petit prince dérangea de nouveau mes réflexions :

— Et tu crois, toi, que les fleurs...

— Mais non ! Mais non ! Je ne crois rien ! J'ai répondu n'importe quoi. Je m'occupe, moi, de choses sérieuses !

Il me regarda stupéfait.

— De choses sérieuses !

Il me voyait, mon marteau à la main, et les doigts noirs de cambouis, penché sur un objet qui lui semblait très laid.

— Tu parles comme les grandes personnes !

Ça me fit un peu honte. Mais, impitoyable, il ajouta :

— Tu confonds tout... tu mélanges tout !

Il était vraiment très irrité. Il secouait au vent des cheveux tout dorés :

— Je connais une planète où il y a un Monsieur

cramoisi. Il n'a jamais respiré une fleur. Il n'a jamais regardé une étoile. Il n'a jamais aimé personne. Il n'a jamais rien fait d'autre que des additions. Et toute la journée il répète comme toi : « Je suis un homme sérieux ! Je suis un homme sérieux ! » et ça le fait gonfler d'orgueil. Mais ce n'est pas un homme, c'est un champignon !

— Un quoi ?

— Un champignon !

Le petit prince était maintenant tout pâle de colère.

— Il y a des millions d'années que les fleurs fabriquent des épines. Il y a des millions d'années que les moutons mangent quand même les fleurs. Et ce n'est pas sérieux de chercher à comprendre pourquoi elles se donnent tant de mal pour se fabriquer des épines qui ne servent jamais à rien ? Ce n'est pas important la guerre des moutons et des fleurs ? Ce n'est pas plus sérieux et plus important que les additions d'un gros Monsieur rouge ? Et si je connais, moi, une fleur unique au monde, qui n'existe nulle part, sauf dans ma planète,

et qu'un petit mouton peut anéantir d'un seul coup, comme ça, un matin, sans se rendre compte de ce qu'il fait, ce n'est pas important ça !

Il rougit, puis reprit :

— Si quelqu'un aime une fleur qui n'existe qu'à un exemplaire dans les millions et les millions d'étoiles, ça suffit pour qu'il soit heureux quand il les regarde. Il se dit : « Ma fleur est là quelque part... » Mais si le mouton mange la fleur, c'est pour lui comme si, brusquement, toutes les étoiles s'éteignaient ! Et ce n'est pas important ça !

Il ne put rien dire de plus. Il éclata brusquement en sanglots. La nuit était tombée. J'avais lâché mes outils. Je me moquais bien de mon marteau, de mon boulon, de la soif et de la mort. Il y avait, sur une étoile, une planète, la mienne, la Terre, un petit prince à consoler ! Je le pris dans les bras. Je le berçai. Je lui disais : « La fleur que tu aimes n'est pas en danger... Je lui dessinerai une muselière, à ton mouton... Je te dessinerai une armure pour ta fleur... Je... » Je ne savais pas trop quoi dire. Je me sentais très maladroit. Je ne savais comment l'atteindre, où le rejoindre... C'est tellement mystérieux, le pays des larmes.

VIII

J'APPRIS bien vite à mieux connaître cette fleur. Il y avait toujours eu, sur la planète du petit prince, des fleurs très simples, ornées d'un seul rang de pétales, et qui ne tenaient point de place, et qui ne dérangeaient personne. Elles apparaissaient un matin dans l'herbe, et puis elles s'éteignaient le soir. Mais celle-là avait germé un jour, d'une graine apportée d'on ne sait où, et le petit prince avait surveillé de très près cette brindille qui ne ressemblait pas aux autres brindilles. Ça pouvait être un nouveau genre de baobab. Mais l'arbuste cessa vite de croître, et commença de préparer une fleur. Le petit prince, qui assistait à l'installation d'un bouton énorme, sentait bien qu'il en sortirait une apparition miraculeuse, mais la fleur n'en finissait pas de se préparer à être belle, à l'abri de sa chambre verte. Elle choisissait avec soin ses couleurs. Elle s'habillait lentement, elle ajustait un à un ses pétales. Elle ne voulait pas sortir toute fripée comme les coquelicots. Elle ne voulait apparaître que dans le plein rayonnement de sa beauté. Eh ! oui. Elle était très coquette ! Sa toilette mystérieuse avait donc duré des jours et des jours. Et puis voici qu'un matin, justement à l'heure du lever du soleil, elle s'était montrée.

Et elle, qui avait travaillé avec tant de précision, dit en bâillant :

— Ah ! je me réveille à peine... Je vous demande pardon... Je suis encore toute décoiffée...

Le petit prince, alors, ne put contenir son admiration :

— Que vous êtes belle !

— N'est-ce pas, répon-
dit doucement la fleur. Et
je suis née en même temps
que le soleil...

Le petit prince devina
bien qu'elle n'était pas trop
modeste, mais elle était si
émouvante !

— C'est l'heure, je crois,

du petit déjeuner, avait-elle bientôt ajouté, auriez-vous la bonté de penser à moi...

Et le petit prince, tout confus, ayant été chercher un arrosoir d'eau fraîche, avait servi la fleur.

Ainsi l'avait-elle bien vite tourmenté par sa vanité un peu ombrageuse. Un jour, par exemple, parlant de ses quatre épines, elle avait dit au petit prince :

— Ils peuvent venir, les tigres, avec leurs griffes !

— Il n'y a pas de tigres sur ma planète, avait objecté le petit prince, et puis les tigres ne mangent pas l'herbe.

— Je ne suis pas une herbe, avait doucement répondu la fleur.

— Pardonnez-moi...

— Je ne crains rien des tigres, mais j'ai horreur des courants d'air. Vous n'auriez pas un paravent ?

« Horreur des courants d'air... ce n'est pas de chance, pour une plante, avait remarqué le petit prince. Cette fleur est bien compliquée... »

— Le soir vous me mettrez sous globe. Il fait très froid chez vous. C'est mal installé. Là d'où je viens...

Mais elle s'était interrompue. Elle était venue sous forme de graine.

Elle n'avait rien pu connaître des autres mondes. Humiliée de s'être laissé surprendre à préparer un mensonge aussi naïf, elle avait toussé deux ou trois fois, pour mettre le petit prince dans son tort :

— Ce paravent ?...

— J'allais le chercher mais vous me parliez !

Alors elle avait forcé sa toux pour lui infliger quand même des remords.

Ainsi le petit prince, malgré la bonne volonté de son amour, avait vite douté d'elle. Il avait pris au sérieux des mots sans importance, et était devenu très malheureux.

« J'aurais dû ne pas l'écouter, me confia-t-il un jour, il ne faut jamais écouter les fleurs. Il faut les regarder et les respirer. La mienne embaumait ma planète, mais je ne savais pas m'en réjouir. Cette histoire de griffes, qui m'avait tellement agacé, eût dû m'attendrir... »

Il me confia encore :

« Je n'ai alors rien su comprendre ! J'aurais dû la juger sur les actes et non sur les mots. Elle m'embaumait et m'éclairait. Je n'aurais jamais dû m'enfuir ! J'aurais dû deviner sa tendresse derrière ses pauvres ruses. Les fleurs sont si contradictoires ! Mais j'étais trop jeune pour savoir l'aimer. »

IX

JE crois qu'il profita, pour son évasion, d'une migration d'oiseaux sauvages. Au matin du départ il mit sa planète bien en ordre. Il ramona soigneusement ses volcans en activité. Il possédait deux volcans en activité. Et c'était bien commode pour faire chauffer le petit déjeuner du matin. Il possédait aussi un volcan éteint. Mais, comme il disait : « On ne sait jamais ! » Il ramona donc également le volcan éteint. S'ils sont bien ramonés, les volcans brûlent doucement et régulièrement, sans éruptions. Les éruptions volcaniques sont comme des feux de cheminée. Évidemment sur notre terre nous sommes beaucoup trop petits pour ramoner nos volcans. C'est pourquoi ils nous causent des tas d'ennuis.

Le petit prince arracha aussi, avec un peu de mélancolie, les dernières pousses de baobabs. Il croyait ne jamais devoir revenir. Mais tous ces travaux familiers lui parurent, ce matin-là, extrêmement doux. Et, quand il arrosa une dernière fois la fleur, et se prépara à la mettre à l'abri sous son globe, il se découvrit l'envie de pleurer.

— Adieu, dit-il à la fleur.

Mais elle ne lui répondit pas.

— Adieu, répéta-t-il.

La fleur toussa. Mais ce n'était pas à cause de son rhume.

— J'ai été sotte, lui dit-elle enfin. Je te demande pardon. Tâche d'être heureux.

Il fut surpris par l'absence de reproches. Il restait là

Il ramona soigneusement ses volcans en activité.

tout déconcerté, le globe en l'air. Il ne comprenait pas cette douceur calme.

— Mais oui, je t'aime, lui dit la fleur. Tu n'en as rien su, par ma faute. Cela n'a aucune importance. Mais tu as été aussi sot que moi. Tâche d'être heureux... Laisse ce globe tranquille. Je n'en veux plus.

— Mais le vent...

— Je ne suis pas si enrhumée que ça... L'air frais de la nuit me fera du bien. Je suis une fleur.

— Mais les bêtes...

— Il faut bien que je supporte deux ou trois chenilles si je veux connaître les papillons. Il paraît que c'est tellement beau. Sinon qui me rendra visite ? Tu seras loin, toi. Quant aux grosses bêtes, je ne crains rien. J'ai mes griffes.

Et elle montrait naïvement ses quatre épines. Puis elle ajouta :

— Ne traîne pas comme ça, c'est agaçant. Tu as décidé de partir. Va-t'en.

Car elle ne voulait pas qu'il la vît pleurer. C'était une fleur tellement orgueilleuse...

X

Il se trouvait dans la région des astéroïdes 325, 326, 327, 328, 329 et 330. Il commença donc par les visiter pour y chercher une occupation et pour s'instruire.

Le premier était habité par un roi. Le roi siégeait, habillé de pourpre et d'hermine, sur un trône très simple et cependant majestueux.

— Ah ! voilà un sujet, s'écria le roi quand il aperçut le petit prince.

Et le petit prince se demanda :

« Comment peut-il me reconnaître puisqu'il ne m'a encore jamais vu ? »

Il ne savait pas que, pour les rois, le monde est très simplifié. Tous les hommes sont des sujets.

— Approche-toi que je te voie mieux, lui dit le roi qui était tout fier d'être enfin roi pour quelqu'un.

Le petit prince chercha des yeux où s'asseoir, mais la planète était tout encombrée par le magnifique manteau d'hermine. Il resta donc debout, et, comme il était fatigué, il bâilla.

— Il est contraire à l'étiquette de bâiller en présence d'un roi, lui dit le monarque. Je te l'interdis.

— Je ne peux pas m'en empêcher, répondit le petit prince tout confus. J'ai fait un long voyage et je n'ai pas dormi...

— Alors, lui dit le roi, je t'ordonne de bâiller. Je n'ai vu personne bâiller depuis des années. Les bâillements sont pour moi des curiosités. Allons ! bâille encore. C'est un ordre.

— Ça m'intimide... je ne peux plus... fit le petit prince tout rougissant.

— Hum ! hum ! répondit le roi. Alors je... je t'ordonne tantôt de bâiller et tantôt de...

Il bredouillait un peu et paraissait vexé.

Car le roi tenait essentiellement à ce que son autorité fût respectée. Il ne tolérait pas la désobéissance. C'était un monarque absolu. Mais, comme il était très bon, il donnait des ordres raisonnables.

« Si j'ordonnais, disait-il couramment, si j'ordonnais

à un général de se changer en oiseau de mer, et si le général n'obéissait pas, ce ne serait pas la faute du général. Ce serait ma faute. »

— Puis-je m'asseoir ? s'enquit timidement le petit prince.

— Je t'ordonne de t'asseoir, lui répondit le roi, qui ramena majestueusement un pan de son manteau d'hermine.

Mais le petit prince s'étonnait. La planète était minuscule. Sur quoi le roi pouvait-il bien régner ?

— Sire..., lui dit-il, je vous demande pardon de vous interroger...

— Je t'ordonne de m'interroger, se hâta de dire le roi.

— Sire... sur quoi régnez-vous ?

— Sur tout, répondit le roi, avec une grande simplicité.

— Sur tout ?

Le roi d'un geste discret désigna sa planète, les autres planètes et les étoiles.

— Sur tout ça ? dit le petit prince.

— Sur tout ça... répondit le roi.

Car non seulement c'était un monarque absolu mais c'était un monarque universel.

— Et les étoiles vous obéissent ?

— Bien sûr, lui dit le roi. Elles obéissent aussitôt. Je ne tolère pas l'indiscipline.

Un tel pouvoir émerveilla le petit prince. S'il l'avait détenu lui-même, il aurait pu assister, non pas à quarante-quatre, mais à soixante-douze, ou même à cent, ou même à deux cents couchers de soleil dans la même journée, sans avoir jamais à tirer sa chaise ! Et comme il

se sentait un peu triste à cause
du souvenir de sa petite planète
abandonnée, il s'enhardit à solli-
citer une grâce du roi :

— Je voudrais voir un coucher de soleil... Faites-moi plaisir... Ordonnez au soleil de se coucher...

— Si j'ordonnais à un général de voler d'une fleur à
l'autre à la façon d'un papillon, ou d'écrire une tragédie,

ou de se changer en oiseau de mer, et si le général n'exé-
cutait pas l'ordre reçu, qui, de lui ou de moi, serait dans
son tort ?

— Ce serait vous, dit fermement le petit prince.

— Exact. Il faut exiger de chacun ce que chacun peut
donner, reprit le roi. L'autorité repose d'abord sur la
raison. Si tu ordonnes à ton peuple d'aller se jeter à la
mer, il fera la révolution. J'ai le droit d'exiger l'obéissance
parce que mes ordres sont raisonnables.

— Alors mon coucher de soleil ? rappela le petit
prince qui jamais n'oubliait une question une fois qu'il
l'avait posée.

— Ton coucher de soleil tu l'auras. Je l'exigerai.
Mais j'attendrai, dans ma science du gouvernement, que
les conditions soient favorables.

— Quand ça sera-t-il ? s'informa le petit prince.

— Hem ! hem ! lui répondit le roi, qui consulta
d'abord un gros calendrier, hem ! hem ! ce sera, vers...
vers... ce sera ce soir vers sept heures quarante ! Et tu
verras comme je suis bien obéi.

Le petit prince bâilla. Il regrettait son coucher de
soleil manqué. Et puis il s'ennuyait déjà un peu :

— Je n'ai plus rien à faire ici, dit-il au roi. Je vais
repartir !

— Ne pars pas, répondit le roi qui était si fier d'avoir
un sujet. Ne pars pas, je te fais ministre !

— Ministre de quoi ?

— De... de la justice !

— Mais il n'y a personne à juger !

— On ne sait pas, lui dit le roi. Je n'ai pas fait encore
le tour de mon royaume. Je suis très vieux, je n'ai pas
de place pour un carrosse, et ça me fatigue de marcher.

— Oh ! mais j'ai déjà vu, dit le petit prince qui se pencha pour jeter encore un coup d'œil sur l'autre côté de la planète. Il n'y a personne là-bas non plus...

— Tu te jugeras donc toi-même, lui répondit le roi. C'est le plus difficile. Il est bien plus difficile de se juger soi-même que de juger autrui. Si tu réussis à bien te juger, c'est que tu es un véritable sage.

— Moi, dit le petit prince, je puis me juger moi-même n'importe où. Je n'ai pas besoin d'habiter ici.

— Hem ! hem ! dit le roi, je crois bien que sur ma planète il y a quelque part un vieux rat. Je l'entends la nuit. Tu pourras juger ce vieux rat. Tu le condamneras à mort de temps en temps. Ainsi sa vie dépendra de ta justice. Mais tu le gracieras chaque fois pour l'économiser. Il n'y en a qu'un.

— Moi, répondit le petit prince, je n'aime pas condamner à mort, et je crois bien que je m'en vais.

— Non, dit le roi.

Mais le petit prince, ayant achevé ses préparatifs, ne voulut point peiner le vieux monarque :

— Si Votre Majesté désirait être obéie ponctuellement, elle pourrait me donner un ordre raisonnable. Elle pourrait m'ordonner, par exemple, de partir avant une minute. Il me semble que les conditions sont favorables...

Le roi n'ayant rien répondu, le petit prince hésita d'abord, puis, avec un soupir, prit le départ.

— Je te fais mon ambassadeur, se hâta alors de crier le roi.

Il avait un grand air d'autorité.

« Les grandes personnes sont bien étranges », se dit le petit prince, en lui-même, durant son voyage.

XI

LA seconde planète était habitée par un vaniteux :
— Ah ! ah ! Voilà la visite d'un admirateur !
s'écria de loin le vaniteux dès qu'il aperçut le petit prince.

Car, pour les vaniteux, les autres hommes sont des admirateurs.

— Bonjour, dit le petit prince. Vous avez un drôle de chapeau.

— C'est pour saluer, lui répondit le vaniteux. C'est pour saluer quand on m'acclame. Malheureusement il ne passe jamais personne par ici.

— Ah oui ? dit le petit prince qui ne comprit pas.

— Frappe tes mains l'une contre l'autre, conseilla donc le vaniteux.

Le petit prince frappa ses mains l'une contre l'autre. Le vaniteux salua modestement en soulevant son chapeau.

— Ça c'est plus amusant que la visite au roi, se dit en lui-même le petit prince. Et il recommença de frapper ses mains l'une contre l'autre. Le vaniteux recommença de saluer en soulevant son chapeau.

Après cinq minutes d'exercice le petit prince se fatigua de la monotonie du jeu :

— Et pour que le chapeau tombe, demanda-t-il, que faut-il faire ?

Mais le vaniteux ne l'entendit pas. Les vaniteux n'entendent jamais que les louanges.

— Est-ce que tu m'admires vraiment beaucoup ? demanda-t-il au petit prince.

— Qu'est-ce que signifie admirer ?

— Admirer signifie reconnaître que je suis l'homme le plus beau, le mieux habillé, le plus riche et le plus intelligent de la planète.

— Mais tu es seul sur ta planète !

— Fais-moi ce plaisir. Admire-moi quand même !

— Je t'admire, dit le petit prince, en haussant un peu les épaules, mais en quoi cela peut-il bien t'intéresser ?

Et le petit prince s'en fut.

« Les grandes personnes sont décidément bien bizarres », se dit-il simplement en lui-même durant son voyage.

XII

L A planète suivante était habitée par un buveur. Cette visite fut très courte mais elle plongea le petit prince dans une grande mélancolie :

— Que fais-tu là ? dit-il au buveur, qu'il trouva installé en silence devant une collection de bouteilles vides et une collection de bouteilles pleines.

— Je bois, répondit le buveur, d'un air lugubre.

— Pourquoi bois-tu ? lui demanda le petit prince.

— Pour oublier, répondit le buveur.

— Pour oublier quoi ? s'enquit le petit prince qui déjà le plaignait.

— Pour oublier que j'ai honte, avoua le buveur en baissant la tête.

— Honte de quoi ? s'informa le petit prince qui désirait le secourir.

— Honte de boire ! acheva le buveur qui s'enferma définitivement dans le silence.

Et le petit prince s'en fut, perplexe.

« Les grandes personnes sont décidément très très bizarres », se disait-il en lui-même durant le voyage.

XIII

L A quatrième planète était celle du businessman. Cet homme était si occupé qu'il ne leva même pas la tête à l'arrivée du petit prince.

— Bonjour, lui dit celui-ci. Votre cigarette est éteinte.

— Trois et deux font cinq. Cinq et sept douze. Douze et trois quinze. Bonjour. Quinze et sept vingt-deux. Vingt-deux et six vingt-huit. Pas le temps de la rallumer. Vingt-six et cinq trente et un. Ouf ! Ça fait donc cinq cent un millions six cent vingt-deux mille sept cent trente et un.

— Cinq cents millions de quoi ?

— Hein ? Tu es toujours là ? Cinq cent un millions de... je ne sais plus... J'ai tellement de travail ! Je suis sérieux, moi, je ne m'amuse pas à des balivernes ! Deux et cinq sept...

— Cinq cent un millions de quoi ? répéta le petit prince qui jamais de sa vie n'avait renoncé à une question, une fois qu'il l'avait posée.

Le businessman leva la tête :

— Depuis cinquante-quatre ans que j'habite cette planète-ci, je n'ai été dérangé que trois fois. La première fois ç'a été, il y a vingt-deux ans, par un hanneton qui était tombé Dieu sait d'où. Il répandait un bruit épouvantable, et j'ai fait quatre erreurs dans une addition. La seconde fois ç'a été, il y a onze ans, par une crise de rhumatisme. Je manque d'exercice. Je n'ai pas le temps de flâner. Je suis sérieux, moi. La troisième fois... la voici ! Je disais donc cinq cent un millions...

— Millions de quoi ?

Le businessman comprit qu'il n'était point d'espoir de paix :

— Millions de ces petites choses que l'on voit quelquefois dans le ciel.

— Des mouches ?

— Mais non, des petites choses qui brillent.

— Des abeilles ?

— Mais non. Des petites choses dorées qui font rêvasser les fainéants. Mais je suis sérieux, moi ! Je n'ai pas le temps de rêvasser.

— Ah ! des étoiles ?

— C'est bien ça. Des étoiles.

— Et que fais-tu de cinq cents millions d'étoiles ?

— Cinq cent un millions six cent vingt-deux mille sept cent trente et un. Je suis sérieux, moi, je suis précis.

— Et que fais-tu de ces étoiles ?

— Ce que j'en fais ?

— Oui.

— Rien. Je les possède.

— Tu possèdes les étoiles ?

— Oui.

— Mais j'ai déjà vu un roi qui...

— Les rois ne possèdent pas. Ils « règnent » sur. C'est très différent.

— Et à quoi cela te sert-il de posséder les étoiles ?

— Ça me sert à être riche.

— Et à quoi cela te sert-il d'être riche ?

— À acheter d'autres étoiles, si quelqu'un en trouve.

« Celui-là, se dit en lui-même le petit prince, il raisonne un peu comme mon ivrogne. »

Cependant il posa encore des questions :

— Comment peut-on posséder les étoiles ?

— À qui sont-elles ? riposta, grincheux, le business-man.

— Je ne sais pas. À personne.

— Alors elles sont à moi, car j'y ai pensé le premier.

— Ça suffit ?

— Bien sûr. Quand tu trouves un diamant qui n'est à personne, il est à toi. Quand tu trouves une île qui n'est à personne, elle est à toi. Quand tu as une idée le premier, tu la fais breveter : elle est à toi. Et moi je possède les étoiles, puisque jamais personne avant moi n'a songé à les posséder.

— Ça c'est vrai, dit le petit prince. Et qu'en fais-tu ?

— Je les gère. Je les compte et je les recompte, dit le businessman. C'est difficile. Mais je suis un homme sérieux !

Le petit prince n'était pas satisfait encore.

— Moi, si je possède un foulard, je puis le mettre autour de mon cou et l'emporter. Moi, si je possède une fleur, je puis cueillir ma fleur et l'emporter. Mais tu ne peux pas cueillir les étoiles !

— Non, mais je puis les placer en banque.

— Qu'est-ce que ça veut dire ?

— Ça veut dire que j'écris sur un petit papier le nombre de mes étoiles. Et puis j'enferme à clef ce papier-là dans un tiroir.

— Et c'est tout ?

— Ça suffit !

« C'est amusant, pensa le petit prince. C'est assez poétique. Mais ce n'est pas très sérieux. »

Le petit prince avait sur les choses sérieuses des idées très différentes des idées des grandes personnes.

— Moi, dit-il encore, je possède une fleur que j'arrose tous les jours. Je possède trois volcans que je ramone toutes les semaines. Car je ramone aussi celui qui est éteint. On ne sait jamais. C'est utile à mes volcans, et c'est utile à ma fleur, que je les possède. Mais tu n'es pas utile aux étoiles.

Le businessman ouvrit la bouche mais ne trouva rien à répondre, et le petit prince s'en fut.

« Les grandes personnes sont décidément tout à fait extraordinaires », se disait-il simplement en lui-même durant le voyage.

XIV

L A cinquième planète était très curieuse. C'était la plus petite de toutes. Il y avait là juste assez de place pour loger un réverbère et un allumeur de réverbères. Le petit prince ne parvenait pas à s'expliquer à quoi pouvaient servir, quelque part dans le ciel, sur une planète sans maison, ni population, un réverbère et un allumeur de réverbères. Cependant il se dit en lui-même :

« Peut-être bien que cet homme est absurde. Cependant il est moins absurde que le roi, que le vaniteux, que le businessman et que le buveur. Au moins son travail a-t-il un sens. Quand il allume son réverbère, c'est comme s'il faisait naître une étoile de plus, ou une fleur. Quand il éteint son réverbère, ça endort la fleur ou l'étoile. C'est une occupation très jolie. C'est véritablement utile puisque c'est joli. »

Lorsqu'il aborda la planète il salua respectueusement l'allumeur :

— Bonjour. Pourquoi viens-tu d'éteindre ton réverbère ?

— C'est la consigne, répondit l'allumeur. Bonjour.

— Qu'est-ce que la consigne ?

— C'est d'éteindre mon réverbère. Bonsoir.

Et il le ralluma.

— Mais pourquoi viens-tu de le rallumer ?

— C'est la consigne, répondit l'allumeur.

— Je ne comprends pas, dit le petit prince.

— Il n'y a rien à comprendre, dit l'allumeur. La consigne c'est la consigne. Bonjour.

Et il éteignit son réverbère.

Puis il s'épongea le front avec un mouchoir à carreaux rouges.

— Je fais là un métier terrible. C'était raisonnable autrefois. J'éteignais le matin et j'allumais le soir. J'avais le reste du jour pour me reposer, et le reste de la nuit pour dormir...

— Et, depuis cette époque, la consigne a changé ?

— La consigne n'a pas changé, dit l'allumeur. C'est bien là le drame ! La planète d'année en année a tourné de plus en plus vite, et la consigne n'a pas changé !

— Alors ? dit le petit prince.

— Alors maintenant qu'elle fait un tour par minute, je n'ai plus une seconde de repos. J'allume et j'éteins une fois par minute !

— Ça c'est drôle ! Les jours chez toi durent une minute !

— Je fais là un métier terrible.

— Ce n'est pas drôle du tout, dit l'allumeur. Ça fait déjà un mois que nous parlons ensemble.

— Un mois ?

— Oui. Trente minutes. Trente jours ! Bonsoir.

Et il ralluma son réverbère.

Le petit prince le regarda et aima cet allumeur qui était tellement fidèle à la consigne. Il se souvint des couchers de soleil que lui-même allait autrefois chercher, en tirant sa chaise. Il voulut aider son ami :

— Tu sais... je connais un moyen de te reposer quand tu voudras...

— Je veux toujours, dit l'allumeur.

Car on peut être, à la fois, fidèle et paresseux.

Le petit prince poursuivit :

— Ta planète est tellement petite que tu en fais le tour en trois enjambées. Tu n'as qu'à marcher assez lentement pour rester toujours au soleil. Quand tu voudras te reposer tu marcheras... et le jour durera aussi longtemps que tu voudras.

— Ça ne m'avance pas à grand-chose, dit l'allumeur. Ce que j'aime dans la vie, c'est dormir.

— Ce n'est pas de chance, dit le petit prince.

— Ce n'est pas de chance, dit l'allumeur. Bonjour.

Et il éteignit son réverbère.

« Celui-là, se dit le petit prince, tandis qu'il poursuivait plus loin son voyage, celui-là serait méprisé par tous les autres, par le roi, par le vaniteux, par le buveur, par le businessman. Cependant, c'est le seul qui ne me paraisse pas ridicule. C'est, peut-être, parce qu'il s'occupe d'autre chose que de soi-même. »

Il eut un soupir de regret et se dit encore :

« Celui-là est le seul dont j'eusse pu faire mon ami.

Mais sa planète est vraiment trop petite. Il n'y a pas de place pour deux... »

Ce que le petit prince n'osait pas s'avouer, c'est qu'il regrettait cette planète bénie à cause, surtout, des mille quatre cent quarante couchers de soleil par vingt-quatre heures !

XV

L A sixième planète était une planète dix fois plus vaste. Elle était habitée par un vieux Monsieur qui écrivait d'énormes livres.

— Tiens ! voilà un explorateur ! s'écria-t-il, quand il aperçut le petit prince.

Le petit prince s'assit sur la table et souffla un peu. Il avait déjà tant voyagé !

— D'où viens-tu ? lui dit le vieux Monsieur.

— Quel est ce gros livre ? dit le petit prince. Que faites-vous ici ?

— Je suis géographe, dit le vieux Monsieur.

— Qu'est-ce qu'un géographe ?

— C'est un savant qui connaît où se trouvent les mers, les fleuves, les villes, les montagnes et les déserts.

— Ça c'est bien intéressant, dit le petit prince. Ça c'est enfin un véritable métier ! Et il jeta un coup d'œil autour de lui sur la planète du géographe. Il n'avait jamais vu encore une planète aussi majestueuse.

— Elle est bien belle, votre planète. Est-ce qu'il y a des océans ?

— Je ne puis pas le savoir, dit le géographe.

— Ah ! (Le petit prince était déçu.) Et des montagnes ?

— Je ne puis pas le savoir, dit le géographe.

— Et des villes et des fleuves et des déserts ?

— Je ne puis pas le savoir non plus, dit le géographe.

— Mais vous êtes géographe !

— C'est exact, dit le géographe, mais je ne suis pas explorateur. Je manque absolument d'explorateurs. Ce n'est pas le géographe qui va faire le compte des villes, des fleuves, des montagnes, des mers, des océans et des déserts. Le géographe est trop important pour flâner. Il ne quitte pas son bureau. Mais il y reçoit les explorateurs. Il les interroge, et il prend en note leurs souvenirs. Et si les souvenirs de l'un d'entre eux lui paraissent intéressants, le géographe fait faire une enquête sur la moralité de l'explorateur.

— Pourquoi ça ?

— Parce qu'un explorateur qui mentirait entraînerait des catastrophes dans les livres de géographie. Et aussi un explorateur qui boirait trop.

— Pourquoi ça ? fit le petit prince.

— Parce que les ivrognes voient double. Alors le géographe noterait deux montagnes là où il n'y en a qu'une seule.

— Je connais quelqu'un, dit le petit prince, qui serait mauvais explorateur.

— C'est possible. Donc, quand la moralité de l'explorateur paraît bonne, on fait une enquête sur sa découverte.

— On va voir ?

— Non. C'est trop compliqué. Mais on exige de l'explorateur qu'il fournisse des preuves. S'il s'agit par exemple de la découverte d'une grosse montagne, on exige qu'il en rapporte de grosses pierres.

Le géographe soudain s'émut.

— Mais toi, tu viens de loin ! Tu es explorateur ! Tu vas me décrire ta planète !

Et le géographe, ayant ouvert son registre, tailla son crayon. On note d'abord au crayon les récits des explorateurs. On attend, pour noter à l'encre, que l'explorateur ait fourni des preuves.

— Alors ? interrogea le géographe.

— Oh ! chez moi, dit le petit prince, ce n'est pas très intéressant, c'est tout petit. J'ai trois volcans. Deux volcans en activité, et un volcan éteint. Mais on ne sait jamais.

— On ne sait jamais, dit le géographe.

— J'ai aussi une fleur.

— Nous ne notons pas les fleurs, dit le géographe.

— Pourquoi ça ! c'est le plus joli !

— Parce que les fleurs sont éphémères.

— Qu'est-ce que signifie « éphémère » ?

— Les géographies, dit le géographe, sont les livres les plus précieux de tous les livres. Elles ne se démodent jamais. Il est très rare qu'une montagne change de place. Il est très rare qu'un océan se vide de son eau. Nous écrivons des choses éternelles.

— Mais les volcans éteints peuvent se réveiller, interrompit le petit prince. Qu'est-ce que signifie « éphé-mère » ?

— Que les volcans soient éteints ou soient éveillés, ça revient au même pour nous autres, dit le géographe. Ce qui compte pour nous, c'est la montagne. Elle ne change pas.

— Mais qu'est-ce que signifie « éphémère » ? répéta le petit prince qui, de sa vie, n'avait renoncé à une question, une fois qu'il l'avait posée.

— Ça signifie « qui est menacé de disparition prochaine ».

— Ma fleur est menacée de disparition prochaine ?

— Bien sûr.

« Ma fleur est éphémère, se dit le petit prince, et elle n'a que quatre épines pour se défendre contre le monde ! Et je l'ai laissée toute seule chez moi ! »

Ce fut là son premier mouvement de regret. Mais il reprit courage :

— Que me conseillez-vous d'aller visiter ? demanda-t-il.

— La planète Terre, lui répondit le géographe. Elle a une bonne réputation...

Et le petit prince s'en fut, songeant à sa fleur.

XVI

LA septième planète fut donc la Terre.

La Terre n'est pas une planète quelconque ! On y compte cent onze rois (en n'oubliant pas, bien sûr, les rois nègres), sept mille géographes, neuf cent mille businessmen, sept millions et demi d'ivrognes, trois cent onze millions de vaniteux, c'est-à-dire environ deux milliards de grandes personnes.

Pour vous donner une idée des dimensions de la Terre je vous dirai qu'avant l'invention de l'électricité on y devait entretenir, sur l'ensemble des six continents, une véritable armée de quatre cent soixante-deux mille cinq cent onze allumeurs de réverbères.

Vu d'un peu loin ça faisait un effet splendide. Les mouvements de cette armée étaient réglés comme ceux d'un ballet d'opéra. D'abord venait le tour des allumeurs de réverbères de Nouvelle-Zélande et d'Australie. Puis ceux-ci, ayant allumé leurs lampions, s'en allaient dormir. Alors entraient à leur tour dans la danse les allumeurs de réverbères de Chine et de Sibérie. Puis eux aussi s'escamotaient dans les coulisses. Alors venait le tour des allumeurs de réverbères de Russie et des Indes. Puis de ceux d'Afrique et d'Europe. Puis de ceux d'Amérique du Sud. Puis de ceux d'Amérique du Nord. Et jamais ils ne se trompaient dans leur ordre d'entrée en scène. C'était grandiose.

Seuls, l'allumeur de l'unique réverbère du pôle Nord, et son confrère de l'unique réverbère du pôle Sud, menaient des vies d'oisiveté et de nonchalance : ils travaillaient deux fois par an.

XVII

Quand on veut faire de l'esprit, il arrive que l'on mente un peu. Je n'ai pas été très honnête en vous parlant des allumeurs de réverbères. Je risque de donner une fausse idée de notre planète à ceux qui ne la connaissent pas. Les hommes occupent très peu de place sur la terre. Si les deux milliards d'habitants qui peuplent la terre se tenaient debout et un peu serrés, comme pour un meeting, ils logeraient aisément sur une place publique de vingt milles de long sur vingt milles de large. On pourrait entasser l'humanité sur le moindre petit îlot du Pacifique.

Les grandes personnes, bien sûr, ne vous croiront pas. Elles s'imaginent tenir beaucoup de place. Elles se voient importantes comme des baobabs. Vous leur conseillerez donc de faire le calcul. Elles adorent les chiffres : ça leur plaira. Mais ne perdez pas votre temps à ce pensum. C'est inutile. Vous avez confiance en moi.

Le petit prince, une fois sur terre, fut donc bien surpris de ne voir personne. Il avait déjà peur de s'être trompé de planète, quand un anneau couleur de lune remua dans le sable.

— Bonne nuit, fit le petit prince à tout hasard.

— Bonne nuit, fit le serpent.

— Sur quelle planète suis-je tombé ? demanda le petit prince.

— Sur la Terre, en Afrique, répondit le serpent.

— Ah !... Il n'y a donc personne sur la Terre ?

— Ici c'est le désert. Il n'y a personne dans les déserts. La Terre est grande, dit le serpent.

Le petit prince s'assit sur une pierre et leva les yeux vers le ciel :

— Je me demande, dit-il, si les étoiles sont éclairées afin que chacun puisse un jour retrouver la sienne. Regarde ma planète. Elle est juste au-dessus de nous... Mais comme elle est loin !

— Elle est belle, dit le serpent. Que viens-tu faire ici ?

— J'ai des difficultés avec une fleur, dit le petit prince.

— Ah ! fit le serpent.

Et ils se turent.

— Où sont les hommes ? reprit enfin le petit prince. On est un peu seul dans le désert...

— On est seul aussi chez les hommes, dit le serpent.

Le petit prince le regarda longtemps :

— Tu es une drôle de bête, lui dit-il enfin, mince comme un doigt...

— Mais je suis plus puissant que le doigt d'un roi, dit le serpent.

Le petit prince eut un sourire :

— Tu n'es pas bien puissant... tu n'as même pas de pattes... tu ne peux même pas voyager.

— Je puis t'emporter plus loin qu'un navire, dit le serpent.

Il s'enroula autour de la cheville du petit prince, comme un bracelet d'or :

— Celui que je touche, je le rends à la terre dont il est sorti, dit-il encore. Mais tu es pur et tu viens d'une étoile...

Le petit prince ne répondit rien.

— Tu me fais pitié, toi si faible, sur cette Terre de

— Tu es une drôle de bête, lui dit-il enfin, mince comme
un doigt...

ranit. Je puis t'aider un jour si tu regrettes trop ta
anète. Je puis...

— Oh ! j'ai très bien compris, fit le petit prince, mais
pourquoi parles-tu toujours par énigmes ?

— Je les résous toutes, dit le serpent.

Et ils se turent.

XVIII

L E petit prince traversa le désert et ne rencontra
qu'une fleur. Une fleur à trois pétales, une fleur de
rien du tout...

— Bonjour, dit le prince.

— Bonjour, dit la fleur.

— Où sont les hommes ? demanda poliment le petit
prince.

La fleur, un jour, avait vu passer une caravane :

— Les hommes ? Il en existe, je crois, six ou sept. Je
les ai aperçus il y a des années. Mais on ne sait jamais
où les trouver. Le vent les promène. Ils manquent de
racines, ça les gêne beaucoup.

— Adieu, fit le petit prince.

— Adieu, dit la fleur.

XIX

Le petit prince fit l'ascension d'une haute montagne. Les seules montagnes qu'il eût jamais connues étaient les trois volcans qui lui arrivaient au genou. Et il se servait du volcan éteint comme d'un tabouret. « D'une montagne haute comme celle-ci, se dit-il donc, j'apercevrai d'un coup toute la planète et tous les hommes... » Mais il n'aperçut rien que des aiguilles de roc bien aiguisées.

— Bonjour, dit-il à tout hasard.

— Bonjour... bonjour... bonjour... répondit l'écho.

— Qui êtes-vous ? dit le petit prince.

— Qui êtes-vous... qui êtes-vous... qui êtes-vous... répondit l'écho.

— Soyez mes amis, je suis seul, dit-il.

— Je suis seul... je suis seul... je suis seul... répondit l'écho.

« Quelle drôle de planète ! pensa-t-il alors. Elle est toute sèche, et toute pointue et toute salée. Et les hommes manquent d'imagination. Ils répètent ce qu'on leur dit... Chez moi j'avais une fleur : elle parlait toujours la première... »

XX

MAIS il arriva que le petit prince, ayant longtemps marché à travers les sables, les rocs et les neiges, découvrit enfin une route. Et les routes vont toutes chez les hommes.

— Bonjour, dit-il.

C'était un jardin fleuri de roses.

— Bonjour, dirent les roses.

Le petit prince les regarda. Elles ressemblaient toutes à sa fleur.

— Qui êtes-vous ? leur demanda-t-il, stupéfait.

— Nous sommes des roses, dirent les roses.

— Ah ! fit le petit prince...

Et il se sentit très malheureux. Sa fleur lui avait raconté qu'elle était seule de son espèce dans l'univers. Et voici qu'il en était cinq mille, toutes semblables, dans un seul jardin !

« Elle serait bien vexée, se dit-il, si elle voyait ça... elle tousserait énormément et ferait semblant de mourir pour échapper au ridicule. Et je serais bien obligé de faire semblant de la soigner, car, sinon, pour m'humilier moi aussi, elle se laisserait vraiment mourir... »

Cette planète est toute sèche, et toute pointue et toute salée.

Puis il se dit encore : « Je me croyais riche d'une fleur unique, et je ne possède qu'une rose ordinaire. Ça et mes trois volcans qui m'arrivent au genou, et dont l'un, peut-être, est éteint pour toujours, ça ne fait pas de moi un bien grand prince... » Et, couché dans l'herbe, il pleura.

XXI

C'EST alors qu'apparut le renard.
— Bonjour, dit le renard.
— Bonjour, répondit poliment le petit prince, qui se retourna mais ne vit rien.
— Je suis là, dit la voix, sous le pommier.

— Qui es-tu ? dit le petit prince. Tu es bien joli...

— Je suis un renard, dit le renard.

— Viens jouer avec moi, lui proposa le petit prince.
Je suis tellement triste...

— Je ne puis pas jouer avec toi, dit le renard. Je ne
suis pas apprivoisé.

— Ah ! pardon, fit le petit prince.

Mais, après réflexion, il ajouta :

— Qu'est-ce que signifie « apprivoiser » ?

— Tu n'es pas d'ici, dit le renard, que cherches-tu ?

— Je cherche les hommes, dit le petit prince. Qu'est-
ce que signifie « apprivoiser » ?

— Les hommes, dit le renard, ils ont des fusils et ils
chassent. C'est bien gênant ! Ils élèvent aussi des poules.
C'est leur seul intérêt. Tu cherches des poules ?

— Non, dit le petit prince. Je cherche des amis.
Qu'est-ce que signifie « apprivoiser » ?

— C'est une chose trop oubliée, dit le renard. Ça
signifie « créer des liens... »

— Créer des liens ?

— Bien sûr, dit le renard. Tu n'es encore pour moi
qu'un petit garçon tout semblable à cent mille petits
garçons. Et je n'ai pas besoin de toi. Et tu n'as pas
besoin de moi non plus. Je ne suis pour toi qu'un
renard semblable à cent mille renards. Mais, si tu m'apprivoises, nous aurons besoin l'un de l'autre. Tu seras pour
moi unique au monde. Je serai pour toi unique au
monde...

— Je commence à comprendre, dit le petit prince.
Il y a une fleur... je crois qu'elle m'a apprivoisé...

— C'est possible, dit le renard. On voit sur la Terre
toutes sortes de choses...

— Oh ! ce n'est pas sur la Terre, dit le petit prince.
Le renard parut très intrigué :

— Sur une autre planète ?

— Oui.

— Il y a des chasseurs, sur cette planète-là ?

— Non.

— Ça, c'est intéressant ! Et des poules ?

— Non.

— Rien n'est parfait, soupira le renard.
Mais le renard revint à son idée :

— Ma vie est monotone. Je chasse les poules, les
hommes me chassent. Toutes les poules se ressemblent,
et tous les hommes se ressemblent. Je m'ennuie donc
un peu. Mais, si tu m'apprivoises, ma vie sera comme
ensoleillée. Je connaîtrai un bruit de pas qui sera diffé-

rent de tous les autres. Les autres pas me font rentrer sous terre. Le tien m'appellera hors du terrier, comme une musique. Et puis regarde ! Tu vois, là-bas, les champs de blé ? Je ne mange pas de pain. Le blé pour moi est inutile. Les champs de blé ne me rappellent rien. Et ça, c'est triste ! Mais tu as des cheveux couleur d'or. Alors ce sera merveilleux quand tu m'auras apprivoisé ! Le blé, qui est doré, me fera souvenir de toi. Et j'aimerai le bruit du vent dans le blé...

Le renard se tut et regarda longtemps le petit prince :

— S'il te plaît... apprivoise-moi ! dit-il.

— Je veux bien, répondit le petit prince, mais je n'ai pas beaucoup de temps. J'ai des amis à découvrir et beaucoup de choses à connaître.

— On ne connaît que les choses que l'on apprivoise, dit le renard. Les hommes n'ont plus le temps de rien connaître. Ils achètent des choses toutes faites chez les marchands. Mais comme il n'existe point de marchands d'amis, les hommes n'ont plus d'amis. Si tu veux un ami, apprivoise-moi !

— Que faut-il faire ? dit le petit prince.

— Il faut être très patient, répondit le renard. Tu t'assoiras d'abord un peu loin de moi, comme ça, dans l'herbe. Je te regarderai du coin de l'œil et tu ne diras rien. Le langage est source de malentendus. Mais, chaque jour, tu pourras t'asseoir un peu plus près...

Le lendemain revint le petit prince.

— Il eût mieux valu revenir à la même heure, dit le renard. Si tu viens, par exemple, à quatre heures de l'après-midi, dès trois heures je commencerai d'être heureux. Plus l'heure avancera, plus je me sentirai heureux. À quatre heures, déjà, je m'agiterai et m'inquiéterai; je découvrirai le prix du bonheur ! Mais si tu viens n'importe quand, je ne saurai jamais à quelle heure m'habiller le cœur... Il faut des rites.

— Qu'est-ce qu'un rite ? dit le petit prince.

— C'est aussi quelque chose de trop oublié, dit le renard. C'est ce qui fait qu'un jour est différent des autres jours, une heure, des autres heures. Il y a un rite, par exemple, chez mes chasseurs. Ils dansent le jeudi avec les filles du village. Alors le jeudi est jour merveilleux ! Je vais me promener jusqu'à la vigne. Si les chasseurs dansaient n'importe quand, les jours se ressembleraient tous, et je n'aurais point de vacances.

Ainsi le petit prince apprivoisa le renard. Et quand l'heure du départ fut proche :

— Ah ! dit le renard... Je pleurerai.

— C'est ta faute, dit le petit prince, je ne te souhaitais point de mal, mais tu as voulu que je t'apprivoise...

— Bien sûr, dit le renard.

— Mais tu vas pleurer ! dit le petit prince.

— Bien sûr, dit le renard.

— Alors tu n'y gagnes rien !

— J'y gagne, dit le renard, à cause de la couleur du blé.

Puis il ajouta :
— Va revoir les roses. Tu comprendras que la tienne est unique au

Si tu viens, par exemple, à quatre heures de l'après-midi,
dès trois heures je commencerai d'être heureux.

monde. Tu reviendras me dire adieu, et je te ferai cadeau d'un secret.

Le petit prince s'en fut revoir les roses.

— Vous n'êtes pas du tout semblables à ma rose, vous n'êtes rien encore, leur dit-il. Personne ne vous a apprivoisées et vous n'avez apprivoisé personne. Vous êtes comme était mon renard. Ce n'était qu'un renard semblable à cent mille autres. Mais j'en ai fait mon ami, et il est maintenant unique au monde.

Et les roses étaient gênées.

— Vous êtes belles, mais vous êtes vides, leur dit-il encore. On ne peut pas mourir pour vous. Bien sûr, ma rose à moi, un passant ordinaire croirait qu'elle vous ressemble. Mais à elle seule elle est plus importante que vous toutes, puisque c'est elle que j'ai arrosée. Puisque c'est elle que j'ai mise sous globe. Puisque c'est elle que j'ai abritée par le paravent. Puisque c'est elle dont j'ai tué les chenilles (sauf les deux ou trois pour les papillons). Puisque c'est elle que j'ai écoutée se plaindre, ou se vanter, ou même quelquefois se taire. Puisque c'est ma rose.

Et il revint vers le renard :

— Adieu, dit-il...

— Adieu, dit le renard. Voici mon secret. Il est très simple : on ne voit bien qu'avec le cœur. L'essentiel est invisible pour les yeux.

— L'essentiel est invisible pour les yeux, répéta le petit prince, afin de se souvenir.

— C'est le temps que tu as perdu pour ta rose qui fait ta rose si importante.

— C'est le temps que j'ai perdu pour ma rose... fit le petit prince, afin de se souvenir.

Et, couché dans l'herbe, il pleura.

— Les hommes ont oublié cette vérité, dit le renard. Mais tu ne dois pas l'oublier. Tu deviens responsable pour toujours de ce que tu as apprivoisé. Tu es responsable de ta rose...

— Je suis responsable de ma rose... répéta le petit prince, afin de se souvenir.

XXII

— Bonjour, dit le petit prince.
— Bonjour, dit l'aiguilleur.

— Que fais-tu ici ? dit le petit prince.

— Je trie les voyageurs, par paquets de mille, dit l'aiguilleur. J'expédie les trains qui les emportent, tantôt vers la droite, tantôt vers la gauche.

Et un rapide illuminé, grondant comme le tonnerre, fit trembler la cabine d'aiguillage.

— Ils sont bien pressés, dit le petit prince. Que cherchent-ils ?

— L'homme de la locomotive l'ignore lui-même, dit l'aiguilleur.

Et gronda, en sens inverse, un second rapide illuminé.

— Ils reviennent déjà ? demanda le petit prince...

— Ce ne sont pas les mêmes, dit l'aiguilleur. C'est un échange.

— Ils n'étaient pas contents, là où ils étaient ?

— On n'est jamais content là où l'on est, dit l'aiguilleur.

Et gronda le tonnerre d'un troisième rapide illuminé.

— Ils poursuivent les premiers voyageurs ? demanda le petit prince.

— Ils ne poursuivent rien du tout, dit l'aiguilleur. Ils dorment là dedans, ou bien ils bâillent. Les enfants seuls écrasent leur nez contre les vitres.

— Les enfants seuls savent ce qu'ils cherchent, fit le petit prince. Ils perdent du temps pour une poupée de chiffons, et elle devient très importante, et si on la leur enlève, ils pleurent...

— Ils ont de la chance, dit l'aiguilleur.

XXIII

— Bonjour, dit le petit prince.

— Bonjour, dit le marchand.

C'était un marchand de pilules perfectionnées qui

apaisent la soif. On en avale une par semaine et l'on n'éprouve plus le besoin de boire.

— Pourquoi vends-tu ça ? dit le petit prince.

— C'est une grosse économie de temps, dit le marchand. Les experts ont fait des calculs. On épargne cinquante-trois minutes par semaine.

— Et que fait-on de ces cinquante-trois minutes ?

— On en fait ce que l'on veut...

« Moi, se dit le petit prince, si j'avais cinquante-trois minutes à dépenser, je marcherais tout doucement vers une fontaine... »

XXIV

Nous en étions au huitième jour de ma panne dans le désert, et j'avais écouté l'histoire du marchand en buvant la dernière goutte de ma provision d'eau.

— Ah ! dis-je au petit prince, ils sont bien jolis, tes souvenirs, mais je n'ai pas encore réparé mon avion, je n'ai plus rien à boire, et je serais heureux, moi aussi, si je pouvais marcher tout doucement vers une fontaine !

— Mon ami le renard, me dit-il...

— Mon petit bonhomme, il ne s'agit plus du renard !

— Pourquoi ?

— Parce qu'on va mourir de soif...

Il ne comprit pas mon raisonnement, il me répondit :

— C'est bien d'avoir eu un ami, même si l'on va

mourir. Moi, je suis bien content d'avoir eu un ami renard...

« Il ne mesure pas le danger, me dis-je. Il n'a jamais ni faim ni soif. Un peu de soleil lui suffit... »

Mais il me regarda et répondit à ma pensée :

— J'ai soif aussi... cherchons un puits...

J'eus un geste de lassitude : il est absurde de chercher un puits, au hasard, dans l'immensité du désert. Cependant nous nous mîmes en marche.

Quand nous eûmes marché, des heures, en silence, la nuit tomba, et les étoiles commencèrent de s'éclairer. Je les apercevais comme en rêve, ayant un peu de fièvre, à cause de ma soif. Les mots du petit prince dansaient dans ma mémoire.

— Tu as donc soif, toi aussi ? lui demandai-je.

Mais il ne répondit pas à ma question. Il me dit simplement :

— L'eau peut aussi être bonne pour le cœur...

Je ne compris pas sa réponse mais je me tus... Je savais bien qu'il ne fallait pas l'interroger.

Il était fatigué. Il s'assit. Je m'assis auprès de lui. Et, après un silence, il dit encore :

— Les étoiles sont belles, à cause d'une fleur que l'on ne voit pas...

Je répondis « bien sûr » et je regardai, sans parler, les plis du sable sous la lune.

— Le désert est beau, ajouta-t-il.

Et c'était vrai. J'ai toujours aimé le désert. On s'assoit sur une dune de sable. On ne voit rien. On n'entend rien. Et cependant quelque chose rayonne en silence...

— Ce qui embellit le désert, dit le petit prince, c'est qu'il cache un puits quelque part...

Je fus surpris de comprendre soudain ce mystérieux rayonnement du sable. Lorsque j'étais petit garçon j'habitais une maison ancienne, et la légende racontait qu'un trésor y était enfoui. Bien sûr, jamais personne n'a su le découvrir, ni peut-être même ne l'a cherché. Mais il enchantait toute cette maison. Ma maison cachait un secret au fond de son cœur...

— Oui, dis-je au petit prince, qu'il s'agisse de la maison, des étoiles ou du désert, ce qui fait leur beauté est invisible !

— Je suis content, dit-il, que tu sois d'accord avec mon renard.

Comme le petit prince s'endormait, je le pris dans mes bras, et me remis en route. J'étais ému. Il me semblait porter un trésor fragile. Il me semblait même qu'il n'y eût rien de plus fragile sur la Terre. Je regardais, à la lumière de la lune, ce front pâle, ces yeux clos, ces mèches de cheveux qui tremblaient au vent, et je me disais : « Ce que je vois là n'est qu'une écorce. Le plus important est invisible... »

Comme ses lèvres entr'ouvertes ébauchaient un demi-sourire je me dis encore : « Ce qui m'émeut si fort de ce petit prince endormi, c'est sa fidélité pour une fleur, c'est l'image d'une rose qui rayonne en lui comme la flamme d'une lampe, même quand il dort... » Et je le devinai plus fragile encore. Il faut bien protéger les lampes : un coup de vent peut les éteindre...

Et, marchant ainsi, je découvris le puits au lever du jour.

Il rit, toucha la corde, fit jouer la poulie.

XXV

— Les hommes, dit le petit prince, ils s'enfournent dans les rapides, mais ils ne savent plus ce qu'ils cherchent. Alors ils s'agitent et tournent en rond...

Et il ajouta :

— Ce n'est pas la peine...

Le puits que nous avions atteint ne ressemblait pas aux puits sahariens. Les puits sahariens sont de simples trous creusés dans le sable. Celui-là ressemblait à un puits de village. Mais il n'y avait là aucun village, et je croyais rêver.

— C'est étrange, dis-je au petit prince, tout est prêt : la poulie, le seau et la corde...

Il rit, toucha la corde, fit jouer la poulie. Et la poulie gémit comme gémit une vieille girouette quand le vent a longtemps dormi.

— Tu entends, dit le petit prince, nous réveillons ce puits et il chante...

Je ne voulais pas qu'il fît un effort :

— Laisse-moi faire, lui dis-je, c'est trop lourd pour toi.

Lentement je hissai le seau jusqu'à la margelle. Je l'y installai bien d'aplomb. Dans mes oreilles durait le chant de la poulie et, dans l'eau qui tremblait encore, je voyais trembler le soleil.

— J'ai soif de cette eau-là, dit le petit prince, donne-moi à boire...

Et je compris ce qu'il avait cherché !

Je soulevai le seau jusqu'à ses lèvres. Il but, les yeux fermés. C'était doux comme une fête. Cette eau était bien autre chose qu'un aliment. Elle était née de la marche sous les étoiles, du chant de la poulie, de l'effort de mes bras. Elle était bonne pour le cœur, comme un cadeau. Lorsque j'étais petit garçon, la lumière de l'arbre de Noël, la musique de la messe de minuit, la douceur des sourires faisaient ainsi tout le rayonnement du cadeau de Noël que je recevais.

— Les hommes de chez toi, dit le petit prince, cultivent cinq mille roses dans un même jardin... et ils n'y trouvent pas ce qu'ils cherchent...

— Ils ne le trouvent pas, répondis-je...

— Et cependant ce qu'ils cherchent pourrait être trouvé dans une seule rose ou un peu d'eau...

— Bien sûr, répondis-je.

Et le petit prince ajouta :

— Mais les yeux sont aveugles. Il faut chercher avec le cœur.

J'avais bu. Je respirais bien. Le sable, au lever du jour, est couleur de miel. J'étais heureux aussi de cette couleur de miel. Pourquoi fallait-il que j'eusse de la peine...

— Il faut que tu tiennes ta promesse, me dit doucement le petit prince, qui, de nouveau, s'était assis auprès de moi.

— Quelle promesse ?

— Tu sais... une muselière pour mon mouton... je suis responsable de cette fleur !

Je sortis de ma poche mes ébauches de dessin. Le petit prince les aperçut et dit en riant :

— Tes baobabs, ils ressemblent un peu à des choux...

— Oh !

Moi qui étais si fier des baobabs !

— Ton renard... ses oreilles... elles ressemblent un peu à des cornes... et elles sont trop longues !

Et il rit encore.

— Tu es injuste, petit bonhomme, je ne savais rien dessiner que les boas fermés et les boas ouverts.

— Oh ! ça ira, dit-il, les enfants savent.

Je crayonnai donc une muselière. Et j'eus le cœur serré en la lui donnant :

— Tu as des projets que j'ignore...

Mais il ne me répondit pas. Il me dit :

— Tu sais, ma chute sur la Terre... c'en sera demain l'anniversaire...

Puis, après un silence, il dit encore :

— J'étais tombé tout près d'ici...

Et il rougit.

Et de nouveau, sans comprendre pourquoi, j'éprouvai un chagrin bizarre. Cependant une question me vint :

— Alors ce n'est pas par hasard que, le matin où je t'ai connu, il y a huit jours, tu te promenais comme ça, tout seul, à mille milles de toutes les régions habitées ? Tu retournais vers le point de ta chute ?

Le petit prince rougit encore.

Et j'ajoutai, en hésitant :

— À cause, peut-être, de l'anniversaire ?...

Le petit prince rougit de nouveau. Il ne répondait jamais aux questions, mais, quand on rougit, ça signifie « oui », n'est-ce pas ?

— Ah ! lui dis-je, j'ai peur...

Mais il me répondit :

— Tu dois maintenant travailler. Tu dois repartir vers ta machine. Je t'attends ici. Reviens demain soir...

Mais je n'étais pas rassuré. Je me souvenais du renard. On risque de pleurer un peu si l'on s'est laissé apprivoiser...

XXVI

I<small>L</small> y avait, à côté du puits, une ruine de vieux mur de pierre. Lorsque je revins de mon travail, le lendemain soir, j'aperçus de loin mon petit prince assis là-haut, les jambes pendantes. Et je l'entendis qui parlait :

— Tu ne t'en souviens donc pas ? disait-il. Ce n'est pas tout à fait ici !

Une autre voix lui répondit sans doute, puisqu'il répliqua :

— Si ! Si ! c'est bien le jour, mais ce n'est pas ici l'endroit...

Je poursuivis ma marche vers le mur. Je ne voyais ni n'entendais toujours personne. Pourtant le petit prince répliqua de nouveau :

— ... Bien sûr. Tu verras où commence ma trace dans le sable. Tu n'as qu'à m'y attendre. J'y serai cette nuit.

J'étais à vingt mètres du mur et je ne voyais toujours rien.

Le petit prince dit encore, après un silence :

— Tu as du bon venin ? Tu es sûr de ne pas me faire souffrir longtemps ?

Je fis halte, le cœur serré, mais je ne comprenais toujours pas.

— Maintenant, va-t'en, dit-il... je veux redescendre !

Alors j'abaissai moi-même les yeux vers le pied du mur, et je fis un bond ! Il était là, dressé vers le petit prince, un de ces serpents jaunes qui vous exécutent en trente secondes. Tout en fouillant ma poche pour en tirer mon revolver, je pris le pas de course, mais, au bruit que je fis, le serpent se laissa doucement couler dans le sable, comme un jet d'eau qui meurt, et, sans trop se presser, se faufila entre les pierres avec un léger bruit de métal.

Je parvins au mur juste à temps pour y recevoir dans les bras mon petit bonhomme de prince, pâle comme la neige.

— Quelle est cette histoire-là ! Tu parles maintenant avec les serpents !

J'avais défait son éternel cache-nez d'or. Je lui avais mouillé les tempes et l'avais fait boire. Et maintenant je n'osais plus rien lui demander. Il me regarda gravement et m'entoura le cou de ses bras. Je sentais battre son cœur comme celui d'un oiseau qui meurt, quand on l'a tiré à la carabine. Il me dit :

— Je suis content que tu aies trouvé ce qui manquait à ta machine. Tu vas pouvoir rentrer chez toi...

— Comment sais-tu ?

Je venais justement lui annoncer que, contre toute espérance, j'avais réussi mon travail !

Il ne répondit rien à ma question, mais il ajouta :

— Moi aussi, aujourd'hui, je rentre chez moi...

Puis, mélancolique :

— C'est bien plus loin... c'est bien plus difficile...

Je sentais bien qu'il se passait quelque chose d'extra-ordinaire. Je le serrais dans les bras comme un petit

— Maintenant, va-t'en, dit-il, je veux redescendre !

enfant, et cependant il me semblait qu'il coulait verticalement dans un abîme sans que je pusse rien pour le
retenir...

Il avait le regard sérieux, perdu très loin.

— J'ai ton mouton. Et j'ai la caisse pour le mouton.
Et j'ai la muselière...

Et il sourit avec mélancolie.

J'attendis longtemps. Je sentais qu'il se réchauffait
peu à peu :

— Petit bonhomme, tu as eu peur...

Il avait eu peur, bien sûr ! Mais il rit doucement :

— J'aurai bien plus peur ce soir...

De nouveau je me sentis glacé par le sentiment de
l'irréparable. Et je compris que je ne supportais pas
l'idée de ne plus jamais entendre ce rire. C'était pour moi
comme une fontaine dans le désert.

— Petit bonhomme, je veux encore t'entendre rire...

Mais il me dit :

— Cette nuit, ça fera un an. Mon étoile se trouvera
juste au-dessus de l'endroit où je suis tombé l'année
dernière...

— Petit bonhomme, n'est-ce pas que c'est un mauvais
rêve cette histoire de serpent et de rendez-vous et
d'étoile...

Mais il ne répondit pas à ma question. Il me dit :

— Ce qui est important, ça ne se voit pas...

— Bien sûr...

— C'est comme pour la fleur. Si tu aimes une fleur
qui se trouve dans une étoile, c'est doux, la nuit, de
regarder le ciel. Toutes les étoiles sont fleuries.

— Bien sûr...

— C'est comme pour l'eau. Celle que tu m'as donnée

à boire était comme une musique, à cause de la poulie et de la corde... tu te rappelles... elle était bonne.

— Bien sûr...

— Tu regarderas, la nuit, les étoiles. C'est trop petit chez moi pour que je te montre où se trouve la mienne. C'est mieux comme ça. Mon étoile, ça sera pour toi une des étoiles. Alors, toutes les étoiles, tu aimeras les regarder... Elles seront toutes tes amies. Et puis je vais te faire un cadeau...

Il rit encore.

— Ah ! petit bonhomme, petit bonhomme, j'aime entendre ce rire !

— Justement ce sera mon cadeau... ce sera comme pour l'eau...

— Que veux-tu dire ?

— Les gens ont des étoiles qui ne sont pas les mêmes. Pour les uns, qui voyagent, les étoiles sont des guides. Pour d'autres elles ne sont rien que de petites lumières. Pour d'autres, qui sont savants, elles sont des problèmes. Pour mon businessman elles étaient de l'or. Mais toutes ces étoiles-là se taisent. Toi, tu auras des étoiles comme personne n'en a...

— Que veux-tu dire ?

— Quand tu regarderas le ciel, la nuit, puisque j'habiterai dans l'une d'elles, puisque je rirai dans l'une d'elles, alors ce sera pour toi comme si riaient toutes les étoiles. Tu auras, toi, des étoiles qui savent rire !

Et il rit encore.

— Et quand tu seras consolé (on se console toujours) tu seras content de m'avoir connu. Tu seras toujours mon ami. Tu auras envie de rire avec moi. Et tu ouvriras parfois ta fenêtre, comme ça, pour le plaisir... Et tes amis seront bien étonnés de te voir rire en regardant le ciel. Alors tu leur diras : « Oui, les étoiles, ça me fait toujours rire ! » Et ils te croiront fou. Je t'aurai joué un bien vilain tour...

Et il rit encore.

— Ce sera comme si je t'avais donné, au lieu d'étoiles, des tas de petits grelots qui savent rire...

Et il rit encore. Puis il redevint sérieux :

— Cette nuit... tu sais... ne viens pas.

— Je ne te quitterai pas.

— J'aurai l'air d'avoir mal... j'aurai un peu l'air de mourir. C'est comme ça. Ne viens pas voir ça, ce n'est pas la peine.

— Je ne te quitterai pas.

Mais il était soucieux.

— Je te dis ça... c'est à cause aussi du serpent. Il ne faut pas qu'il te morde... Les serpents, c'est méchant. Ça peut mordre pour le plaisir...

— Je ne te quitterai pas.

Mais quelque chose le rassura :

— C'est vrai qu'ils n'ont plus de venin pour la seconde morsure...

Cette nuit-là je ne le vis pas se mettre en route. Il s'était évadé sans bruit. Quand je réussis à le rejoindre il marchait décidé, d'un pas rapide. Il me dit seulement :

— Ah ! tu es là...

Et il me prit par la main. Mais il se tourmenta encore :

— Tu as eu tort. Tu auras de la peine. J'aurai l'air d'être mort et ce ne sera pas vrai...

Moi je me taisais.

— Tu comprends. C'est trop loin. Je ne peux pas emporter ce corps-là. C'est trop lourd.

Moi je me taisais.

— Mais ce sera comme une vieille écorce abandonnée. Ce n'est pas triste les vieilles écorces...

Moi je me taisais.

Il se découragea un peu. Mais il fit encore un effort :

— Ce sera gentil, tu sais. Moi aussi je regarderai les étoiles. Toutes les étoiles seront des puits avec une poulie rouillée. Toutes les étoiles me verseront à boire...

Moi je me taisais.

— Ce sera tellement amusant ! Tu auras cinq cents millions de grelots, j'aurai cinq cents millions de fontaines...

Et il se tut aussi, parce qu'il pleurait...

— C'est là. Laisse-moi faire un pas tout seul.

Et il s'assit parce qu'il avait peur.

Il dit encore :

— Tu sais... ma fleur... j'en suis responsable ! Et elle est tellement faible ! Et elle est tellement naïve. Elle a quatre épines de rien du tout pour la protéger contre le monde...

Moi je m'assis parce que je ne pouvais plus me tenir debout. Il dit :

— Voilà... C'est tout...

Il hésita encore un peu, puis il se releva. Il fit un pas. Moi je ne pouvais pas bouger.

Il n'y eut rien qu'un éclair jaune près de sa cheville. Il demeura un instant immobile. Il ne cria pas. Il tomba doucement comme tombe un arbre. Ça ne fit même pas de bruit, à cause du sable.

XXVII

Et maintenant, bien sûr, ça fait six ans déjà... Je n'ai jamais encore raconté cette histoire. Les camarades qui m'ont revu ont été bien contents de me revoir vivant. J'étais triste, mais je leur disais : « C'est la fatigue... »

Maintenant je me suis un peu consolé. C'est-à-dire... pas tout à fait. Mais je sais bien qu'il est revenu à sa planète, car, au lever du jour, je n'ai pas retrouvé son corps. Ce n'était pas un corps tellement lourd... Et j'aime la nuit écouter les étoiles. C'est comme cinq cents millions de grelots...

Mais voilà qu'il se passe quelque chose d'extraordinaire. La muselière que j'ai dessinée pour le petit prince, j'ai oublié d'y ajouter la courroie de cuir ! Il n'aura jamais pu l'attacher au mouton. Alors je me demande : « Que s'est-il passé sur sa planète ? Peut-être bien que le mouton a mangé la fleur... »

Tantôt je me dis : « Sûrement non ! Le petit prince enferme sa fleur toutes les nuits sous son globe de verre, et il surveille bien son mouton... » Alors je suis heureux. Et toutes les étoiles rient doucement.

Il tomba doucement comme tombe un arbre.

Tantôt je me dis : « On est distrait une fois ou l'autre, et ça suffit ! Il a oublié, un soir, le globe de verre, ou bien le mouton est sorti sans bruit pendant la nuit... » Alors les grelots se changent tous en larmes !...

C'est là un bien grand mystère. Pour vous qui aimez aussi le petit prince, comme pour moi, rien de l'univers n'est semblable si quelque part, on ne sait où, un mouton que nous ne connaissons pas a, oui ou non, mangé une rose...

Regardez le ciel. Demandez-vous : Le mouton oui ou non a-t-il mangé la fleur ? Et vous verrez comme tout change...

Et aucune grande personne ne comprendra jamais que ça a tellement d'importance !

Ça c'est, pour moi, le plus beau et le plus triste paysage du monde. C'est le même paysage que celui de la page précédente, mais je l'ai dessiné une fois encore pour bien vous le montrer. C'est ici que le petit prince a apparu sur terre, puis disparu. Regardez attentivement ce paysage afin d'être sûrs de le reconnaître, si vous voyagez un jour en Afrique, dans le désert. Et, s'il vous arrive de passer par là, je vous en supplie, ne vous pressez pas, attendez un peu juste sous l'étoile ! Si alors un enfant vient à vous, s'il rit, s'il a des cheveux d'or, s'il ne répond pas quand on l'interroge, vous devinerez bien qui il est. Alors soyez gentils ! Ne me laissez pas tellement triste : écrivez-moi vite qu'il est revenu...

FOLIO JUNIOR ÉDITION SPÉCIALE

Antoine de Saint-Exupéry

Le Petit Prince

Supplément réalisé par
Christian Biet,
Jean Paul Brighelli,
Caecilia Pieri
et Jean-Luc Rispail

Illustrations de Philippe Munch

ÊTES-VOUS MOUTONS, SERPENT OU RENARD ?

Pour le savoir, répondez aux questions suivantes en choisissant à chaque fois la proposition qui correspond le mieux à votre personnalité. Comptez ensuite le nombre de △, ☆, □ obtenus et rendez-vous à la page des solutions.

1. *Une personne vous bouscule dans la rue, quelle est votre attitude ?*
A. Vous manifestez vivement votre mécontentement □
B. Vous maugréez △
C. Perdu dans vos pensées, vous vous excusez ☆

2. *Un attroupement se forme non loin de vous, quelle est votre réaction ?*
A. Curieux, vous vous mêlez à la foule ☆
B. Vous attendez que la foule se disperse pour en connaître la raison △
C. Dédaigneux, vous traversez la rue □

3. *Votre petit frère a eu la plus grosse part de tarte :*
A. Vous profitez d'un moment d'inattention pour échanger vos parts △
B. Souffrant en silence, vous grignotez tristement votre part ☆
C. Vous dévorez votre part car vous mourez de faim □

4. *Votre couleur préférée est :*
A. Le bleu azur ☆
B. Le jaune paille □
C. Le rouge vermillon △

5. *Votre paysage préféré, c'est :*
A. D'immenses plateaux rocheux et colorés □
B. De vastes forêts touffues et moussues △
C. D'interminables bocages fleuris et vallonés ☆

6. *Votre musique préférée est :*
A. Le son de la flûte □
B. Le son de la mandoline ☆
C. Le son du cor △

7. *Votre dessert favori est :*
A. Le soufflé aux groseilles △
B. Les œufs à la neige ☆
C. Le mystère aux amandes □

8. *Le mot « manteau » évoque pour vous :*
A. Un vêtement doux et confortable ☆
B. Un lieu chaud et abrité □
C. De la fourrure △

9. *Le mot « corail » évoque pour vous :*
A. La couleur d'un rouge à lèvres △
B. Un coquillage ☆
C. Une barrière de rochers □

Solutions page 120

1
AU FIL DU TEXTE

PREMIÈRE PARTIE (p. 9-36)

Dix questions pour commencer

Voici un questionnaire portant sur les neuf premiers chapitres du livre. Vous devrez y répondre sans vous reporter au texte, en ne vous fiant qu'à votre seule mémoire. Choisissez à chaque fois la proposition qui vous semble juste, puis rendez-vous à la page des solutions pour connaître vos résultats.

1. *A l'âge de six ans, l'auteur voulait devenir :*
A. Pilote
B. Écrivain
C. Peintre

2. *L'auteur est tombé en panne :*
A. Dans le désert du Sahara
B. Dans le désert de Gobi
C. Dans le désert du Colorado

3. *Le dessin accepté par le petit prince représente :*
A. Un mouton avec des cornes
B. Un mouton dans une caisse
C. Un mouton géant

4. *D'après l'auteur, qui a découvert cette planète ?*
A. Un astronome turc
B. Un astronome hongrois
C. Un astronome égyptien

5. *Les grandes personnes aiment :*
A. Les explications
B. Les chiffres
C. Les discours

6. *D'où vient le petit prince ?*
A. D'une planète couverte de fleurs
B. D'une planète immense et désertique
C. D'une planète à peine plus grande qu'une maison

7. *Un jour le petit prince a vu le soleil se coucher :*
A. Trois fois
B. Vingt-trois fois
C. Quarante-trois fois

8. *Le petit prince aime :*
A. Une fleur
B. Un mouton
C. Une étoile

9. *La fleur tourmente le petit prince par :*
A. Son étourderie
B. Sa vanité
C. Ses exigences

10. *Quand le petit prince part, la fleur lui dit :*
A. « Si tu pars, je vais mourir. »
B. « Je t'en prie, ne me quitte pas ! »
C. « Je te demande pardon. Tâche d'être heureux. »

Solutions page 120

Enfant et grande personne

1. Voici une liste de mots choisis dans le chapitre I du livre. Certains représentent une idée ; d'autres, une image. Dessinez un tableau comportant deux colonnes (mots-idées / mots-images) et reportez dans chacune d'elles les mots qui vous semblent correspondre.

Forêt vierge - géographie - histoire - boa - dessin - fauve - chapeau - calcul - golf - étoiles - politique - cravate - grammaire - éléphant - avion

- Quel genre de mots préfèrent, selon vous, les grandes personnes ?
- Et vous, quels sont ceux qui vous attirent le plus ?

2. Choisissez dans cette liste cinq mots parmi ceux que vous préférez. Interrogez un adulte de votre entourage en lui demandant quel autre mot lui suggère chacun de ceux que vous avez choisis. Inscrivez-les ensuite face à face, sur deux colonnes.

3. A partir des couples de mots ainsi formés, construisez cinq phrases.

Les baobabs

1. *Les conseils du petit prince*
Relevez dans la page 24 les conseils que donne le petit prince. A qui sont-ils destinés ?
La plupart des proverbes sont des conseils de sagesse pratique.
- Quel proverbe connaissez-vous qui pourrait illustrer l'idée principale exprimée par le petit prince ?

2. *La leçon du pilote*
- Quelle est la phrase qui montre l'intervention de l'auteur dans le récit ?
- Avez-vous compris la leçon qu'il souhaite donner aux enfants, à travers le dessin de la page 25 ?

3. *« J'ai été animé par le sentiment de l'urgence »*
- Savez-vous ce qu'est le sentiment de l'urgence ?
Essayez de trouver un exemple de ce sentiment dans votre vie personnelle et écrivez un petit texte à partir de votre propre expérience.

Tombés du ciel

Le pilote et le petit prince sont tous deux tombés du ciel : le premier de son avion, le second de sa planète. Lorsque le petit prince s'écrie : « Comment ! tu es tombé du ciel ? », l'expression est donc à prendre au sens propre. Habituellement, elle est employée au sens figuré et signifie : « arriver à l'improviste, comme par miracle ».

Voici maintenant une liste d'expressions qui ont toutes un rapport avec le ciel ; sauriez-vous en donner la signification ?

1. Tirer des plans sur la comète
2. Promettre la lune
3. Porter aux nues
4. Être né sous une bonne étoile
5. Chercher une place au soleil
6. Être dans les nuages
7. Parler de la pluie et du beau temps

Les messieurs et leur habit

1. Beaucoup de grandes personnes ont un habit dans leur garde-robe. L'habit (appelé aussi frac ou queue-de-pie) n'est pas un vêtement ordinaire : il se porte lors d'une cérémonie ou dans une soirée. Les académiciens, les notaires, les ambassadeurs portent un habit particulier. C'est aussi à leur costume que l'on reconnaît les prélats, les magistrats ou les officiers.

On emploie pourtant l'expression : « L'habit ne fait pas le moine ». Que signifie-t-elle ?

2. Comparez les deux dessins de l'astronome page 19.

- Pourriez-vous relever au moins trois détails dans sa tenue vestimentaire qui soulignent la différence entre le costume à l'européenne et le costume à l'orientale ?

- Pour quelle raison sa démonstration a-t-elle du succès uniquement la seconde fois ?

Un voyageur venu de loin

1. « Tu viens donc d'une autre planète ? »
- Que répond le petit prince à cette question du pilote ?
- Que signifie sa réponse ?

2. Relevez au moins cinq mots ou expressions dans le chapitre III qui qualifient l'attitude du petit prince et témoignent de son caractère.
- Quel est le signe particulier qui, selon vous, pourrait le définir ?
- Pourquoi est-il choqué lorsque le pilote lui suggère d'attacher son mouton ?

Un petit drame

Montrez que les chapitres VIII et IX forment un petit drame qui se déroule en trois actes, puis essayez de donner un titre à chacun d'eux.

Le secret

1. Le chapitre VII marque un tournant dans l'histoire du petit prince. Pour quelle raison ? Quel secret de sa vie nous est révélé ? Essayez de relever la phrase la plus significative de son aveu.

2. Imaginez qu'un grave problème vous préoccupe et que vous désiriez vous confier à un adulte de votre entourage ; or cette personne n'est pas disponible. Quelle serait votre réaction ? Écrivez un texte d'une dizaine de lignes sur ce sujet.

Sur une île déserte

1. Le dessin de la page 35 représente le petit prince sur sa planète.
- Quels objets possède-t-il ?
- A quoi sert chacun d'eux ?

2. Imaginez que vous partiez sur une île déserte.
- Quels objets souhaiteriez-vous emporter ?
Attention, n'en choisissez pas plus que le petit prince : cinq tout au plus... Écrivez un petit texte pour nommer ces objets et dire en quoi ils vous seraient nécessaires, voire indispensables.

DEUXiÈME PARTIE (p. 36-57)

Dix questions pour continuer

Répondez aux questions suivantes, mais sans vous reporter au texte ; vous ne devrez vous fier qu'à votre seule mémoire. Rendez-vous ensuite à la page des solutions pour savoir si vous êtes un bon lecteur.

1. *Le roi nomme le petit prince :*
A. Ministre de la Justice
B. Général
C. Ambassadeur

2. *Quel est le seul sujet du roi ?*
A. Un vieux chat
B. Un vieux rat
C. Un vieux chien

3. *Le vaniteux porte un chapeau :*
A. Pour se protéger du soleil
B. Pour saluer quand on l'acclame
C. Parce qu'il trouve cela seyant

4. *Le buveur boit pour oublier :*
A. Ses ennuis
B. Sa tristesse
C. Sa honte

5. *Le businessman compte :*
A. Des étoiles
B. Des billets de banque
C. Des abeilles

6. *Le businessman passe son temps à répéter :*
A. « Je suis pressé, moi »
B. « Je suis sérieux, moi »
C. « Je suis occupé, moi »

7. *Ce que l'allumeur de réverbères aime dans la vie, c'est :*
A. Éteindre son réverbère
B. Regarder les étoiles
C. Dormir

8. *Pour le géographe, un bon explorateur doit :*
A. Faire des découvertes
B. Avoir une bonne moralité
C. Prendre des notes

9. *Combien y a-t-il de volcans sur la planète du petit prince ?*
A. Deux en activité et un éteint
B. Un en activité et deux éteints
C. Deux en activité et deux éteints

10. *Quelle est la planète que le géographe conseille au petit prince d'aller visiter ?*
A. La planète Terre
B. La planète Mars
C. La planète Vénus

Solutions page 121

Six planètes, six habitants

Le petit prince décide un jour de quitter sa planète pour aller vers de nouveaux horizons.

1. *Les habitants*
En quittant sa planète, le petit prince va tout d'abord en visiter six autres, sur lesquelles vit à chaque fois un personnage. Pourriez-vous, sans consulter le livre, citer l'ordre exact dans lequel le petit prince les rencontre ?
Vaniteux - roi - allumeur de réverbères - géographe - businessman - buveur

2. *Un objet symbole*
Attribuez à chacun des six habitants rencontrés par le petit prince l'objet symbole qui le caractérise. Pour cela, vous pouvez vous aider des indications contenues dans le texte, des aquarelles du livre ou de votre imagination.

3. *Le petit prince vu par les grandes personnes*
Trouvez, pour chacun des six personnages, un mot qui servirait à qualifier ce que le petit prince représente à leurs yeux.

4. *Des caractères tout d'une pièce*
Recherchez dans le texte (p. 36-57) une phrase qui pourrait définir chaque personnage.

« Les grandes personnes sont bien étranges »

Après sa rencontre avec chaque habitant des six planètes, le petit prince tire une sorte de conclusion. Recherchez chacune d'elles dans le texte, puis répondez aux questions suivantes :
- Ses phrases qualifient-elles seulement les personnages rencontrés ou sont-elles d'une portée plus générale ?
- Le petit prince a-t-il une opinion semblable sur tous ces personnages ou certains d'entre eux sont-ils, à ses yeux, différents ? Pour quelles raisons ?
- Au terme de son voyage dans les différentes planètes, le petit prince a-t-il trouvé ce qu'il cherchait ?
- A-t-il rempli le but qu'il se proposait ?

Le départ

Dans la première partie du livre, nous avons fait la connaissance du petit prince. Il décide un jour de partir pour une raison liée à sa planète. Laquelle ?
Y a-t-il d'autres raisons qui le poussent à faire ce voyage ? (Relevez la phrase du livre qui vous l'indique.)

Et si c'était...

Imaginez que vous vouliez décrire le petit prince à quelqu'un qui n'a jamais lu son histoire. Cette personne vous pose des questions et vous devez y répondre par un mot, en essayant d'être le plus fidèle possible au portrait que vous voulez en donner.
Voici quelques idées, mais rien ne vous empêche d'allonger cette liste à l'infini.

Si c'était une planète, ce serait ....
Si c'était un animal, ce serait ....
Si c'était une fleur, ce serait ....
Si c'était un métier, ce serait ....
Si c'était une couleur, ce serait ....
Si c'était un grand homme, ce serait ....
Si c'était un vêtement, ce serait ....
Si c'était un sentiment, ce serait ....
Si c'était une musique, ce serait ....

1. Relisez maintenant toutes vos réponses.
- Tracent-elles, selon vous, un portrait fidèle du petit prince ?

2. Composez ensuite une petite histoire dans laquelle figureront tous (ou presque tous) les mots que vous aurez trouvés.

Les couchers de soleil

Pour voir le soleil se coucher plusieurs fois dans la même journée, il vous suffirait de... dépasser le temps ou de bondir en une minute entre New York et Paris.
Sur la planète du petit prince, il suffit de tirer sa chaise de quelques pas.
Sur la planète de l'allumeur de réverbères, qui fait un tour

par minute, combien de fois le soleil se couche-t-il en 24 heures ?

En imaginant une planète qui effectuerait un tour toutes les secondes, à combien de couchers de soleil pourrait-on assister en 24 heures ?

Solutions page 122

TROISIÈME PARTIE (p. 58-93)

Dix questions pour conclure

Avez-vous bien lu la troisième partie du livre ? Vous le saurez en répondant aux questions qui suivent. Bien entendu, il est interdit de se reporter au texte ou de regarder les solutions !

1. *En traversant le désert, le petit prince ne rencontre :*
A. Personne
B. Qu'une fleur
C. Qu'une caravane

2. *En entendant l'écho, le petit prince se dit que :*
A. Il a enfin trouvé un ami
B. Il est bien seul
C. Les hommes manquent d'imagination

3. *Qu'est-ce qui, selon le petit prince, embellit le désert ?*
A. C'est que le soleil y fait briller le sable
B. C'est qu'il cache un puits quelque part
C. C'est que rien ne vient troubler son immensité

4. *Le serpent est puissant grâce à :*
A. Son venin
B. Sa rapidité
C. Son intelligence

5. *Dans le jardin de roses, le petit prince pleure parce que :*
A. Il se sent abandonné
B. Sa fleur lui manque
C. Il ne possède qu'une rose ordinaire

6. *Le pilote et le petit prince trouvent de l'eau :*
A. Tard le soir, après une journée de marche
B. L'après-midi, en pleine chaleur
C. Tôt le matin, après une nuit de marche

7. *Quelle demande le renard adresse-t-il au petit prince ?*
A. De l'apprivoiser
B. De jouer avec lui
C. De s'en aller et de le laisser tranquille

8. *Le petit prince rencontre un marchand qui vend des pilules perfectionnées :*
A. Qui apaisent la faim
B. Qui apaisent la soif
C. Qui apaisent la douleur

9. *Combien de temps le petit prince est-il resté sur la Terre ?*
A. Un an
B. Un mois
C. On ne sait pas

10. *Dans son dernier dessin pour le petit prince, le pilote a oublié :*
A. Le globe de verre pour la fleur
B. La muselière pour le mouton
C. La courroie de cuir pour la muselière

Solutions page 122

Composez un poème

C'est parce qu'il est troublé par une rose que le petit prince quitte son étoile et se retrouve dans un désert, où le premier être vivant qu'il rencontre est un serpent.
Imaginez une histoire sous forme de poème dont les héros seraient une étoile, un serpent, un désert, une rose et vous.

Sur les traces du petit prince

1. Depuis son arrivée sur la Terre jusqu'à sa rencontre avec le renard, le petit prince évolue dans des décors différents.
En vous servant des indications contenues dans le texte, retracez le chemin qu'il a effectué.
- Où a-t-il rencontré le serpent ?
- Où a-t-il rencontré la fleur ?
- Où a-t-il rencontré l'écho ?
- Où a-t-il rencontré les roses ?
- Où a-t-il rencontré le renard ?
Vous pouvez même, si cela vous tente, faire un dessin représentant son itinéraire.

2. Montrez comment la solitude du petit prince est soulignée :
a) par le décor
b) par les dialogues avec le serpent, la fleur et l'écho.

Une poupée de chiffons

« Les enfants seuls savent ce qu'ils cherchent, fit le petit prince. Ils perdent du temps pour une poupée de chiffons, et elle devient importante, et si on la leur enlève, ils pleurent... » (p. 75)

1. Partagez-vous cette opinion du petit prince ?

2. Vous éprouvez certainement une passion pour quelque chose à laquelle vous consacrez beaucoup de temps, certains diraient que vous perdez du temps.
Composez un court texte dans lequel vous relaterez votre expérience.

Le petit prince et le renard

1. *La rencontre avec le renard*
Après le serpent, la fleur et l'écho, le petit prince rencontre un nouveau personnage sur la Terre, le renard.
- Où cette rencontre a-t-elle lieu ?
- En quoi diffère-t-elle des rencontres précédentes ?
- Quelle réponse apporte-t-elle à la quête du petit prince ?

2. *Avez-vous déjà apprivoisé un animal ?*
Racontez votre expérience en composant un petit texte d'une quinzaine de lignes. Au cas où cela ne vous serait pas arrivé, imaginez comment vous procéderiez si vous trouviez un animal et que vous souhaitiez en faire votre ami.

Des métiers peu communs

Sur la Terre, le petit prince rencontre l'aiguilleur et le marchand de pilules.
- Quel est, à ses yeux, le sens de leur travail ?
- L'aiguilleur est-il heureux ?
- Que pense le petit prince de ses rencontres ?
- En quoi ces deux hommes se rapprochent-ils des personnages rencontrés sur les autres planètes ?
- Leurs occupations ont-elles un point commun ?

Les étoiles

« Les gens ont des étoiles qui ne sont pas les mêmes. Pour les uns, qui voyagent, les étoiles sont des guides. Pour d'autres elles ne sont rien que de petites lumières. Pour d'autres, qui sont savants, elles sont des problèmes. Pour mon businessman elles étaient de l'or... » (p. 87)

1. Imaginez ce que représentent les étoiles pour tous les personnages que le petit prince a rencontrés depuis qu'il a quitté sa planète.

2. Et pour vous que sont les étoiles ?
- Connaissez-vous le nom d'une ou plusieurs constellations ? Savez-vous les retrouver dans le ciel ?
- Êtes-vous déjà resté un long moment à contempler les étoiles, par une belle nuit d'été, à la campagne ou au bord de la mer ? Qu'avez-vous éprouvé ?

3. Y a-t-il un autre élément de la nature qui symbolise quelque chose à vos yeux ?
- Que représenterait-il pour le petit prince et les habitants des six planètes ?
- Et qu'évoquerait-il pour les personnes de votre entourage ?

Le petit prince, le renard et le pilote

Le renard transmet un secret au petit prince. Vous rappelez-vous lequel ? Et, sous des mots différents, le pilote et le petit prince évoquent la même idée. Retrouvez dans le texte (p. 66-83) la phrase de chacun de ces personnages sur ce thème.
Partagez-vous leur opinion ? (Expliquez en quelques lignes les raisons de votre choix.)

2
JEUX ET APPLICATIONS

Il y a mouton et mouton

Le premier sens du mot mouton dans un dictionnaire est :
« mammifère domestique ruminant ». Mais sauriez-vous
donner la signification des expressions suivantes, dans lesquelles figure le mot mouton ?
1. Revenons à nos moutons
2. Un mouton de Panurge
3. Chercher le mouton à cinq pattes
4. Il y a des moutons sous le lit
5. C'est un mouton enragé
6. Compter les moutons
7. On apercevait au large des moutons d'écume

Les grands déserts du monde

L'auteur du *Petit Prince* est tombé en panne d'avion dans
le désert du Sahara. Vous savez très certainement qu'il se
trouve en Afrique du Nord. Il y a de nombreux déserts
dans le monde. Voici le nom de quelques-uns d'entre eux.
Sauriez-vous dire dans quels pays ils se trouvent ?

1. Désert de Gobi
2. Désert de Kalahari
3. Grand désert Victoria
4. Désert de Thar
5. Désert du Néguev
6. Désert du Colorado

A. Israël
B. Pakistan et Inde
C. Mongolie et Chine
D. Australie
E. États-Unis
F. Botswana

Solutions page 123

A la découverte du ciel

Le petit prince vient d'une planète à peine plus grande qu'une maison ; il s'agit d'un astéroïde, c'est-à-dire une planète de petite taille invisible à l'œil nu.
Savez-vous ce que sont :

1. Une étoile
2. Une météorite
3. Un satellite
4. Un bolide
5. Une comète
6. Un aérolithe

Pour vous aider, nous vous donnons leurs définitions dans le désordre. A vous de retrouver, pour chaque mot, la définition qui lui correspond.

A. Corps céleste gravitant sur une orbite elliptique autour d'une planète
B. Météorite pierreuse
C. Tout astre visible, excepté le Soleil et la Lune
D. Astre présentant un noyau brillant et une traînée gazeuse
E. Fragment de corps céleste qui traverse l'atmosphère et tombe sur la Terre
F. Météorite qui parvient au voisinage de la Terre sans être volatilisée

Solutions page 123

La planète du petit prince

Le petit prince raconte mille détails sur sa planète à l'aviateur. Seriez-vous capable, sans consulter le livre, de répondre aux questions suivantes ?

1. Quel est, selon l'aviateur, son nom ?
2. Qui l'a aperçue pour la première fois et en quelle année ?
3. Quelle en est sa taille ?
4. Quelles sont les espèces végétales qui y poussent ?
5. Quels sont les animaux qui y vivent ?
6. Quel est son signe particulier, bien plus important aux yeux des enfants et des poètes qu'aux yeux des géographes ?

« Le langage
est source de malentendus »

C'est souvent vrai... Il est des mots qui, bien que s'écrivant différemment, se prononcent de la même façon – ce sont des homonymes.

1. Retrouvez dans la colonne de droite les homonymes des mots mis en italique dans celle de gauche.

A. *Conter* une histoire	...... les moutons
B. Un *but* à atteindre	Une ...... recouverte de gazon
C. Un *chat* tigré	Le ...... d'une aiguille
D. La *fin* des temps	Une ...... de loup
E. Le *chant* du rossignol	Un ...... de blé
F. Un *cor* de chasse	Un ...... humain
G. Un *pan* de mur	Vaniteux comme un ......
H. Un temps *chaud*	Un mur en ......
I. Un *fil* à coudre	Une ...... de gens
J. Un *vert* émeraude	Un ...... d'eau

2. Un jeu un peu plus complexe maintenant. Retrouvez à chaque fois trois homonymes à l'aide de leurs trois définitions.

A. - On y joue au tennis
   - Le roi y régnait
   - Les élèves y assistent tous les jours

B. - Entouré
   - Avant le biberon
   - Figure dans le calendrier

C. - Un chiffre
   - Inutile
   - Jus de raisin fermenté

D. - Certains sont petits, d'autres de senteur
   - Sert à peser
   - Matière visqueuse

E. - Il faut l'avoir pour croire
   - Un organe du corps humain
   - Il était une...

Solutions page 123

Mots croisés

Horizontalement
I. Le petit prince et le renard le sont devenus
II. Planète du système solaire
IV. L'auteur s'en sert pour réparer l'avion
V. Les cheveux du petit prince en ont la couleur

Verticalement
1. Il est tombé du ciel
2. Pronom personnel
3. Préfixe - Initiales d'une bonne appréciation
4. Connu - Pronom personnel
5. Goût de la planète toute sèche et toute pointue

3
L'AMITIÉ
DANS LA LITTÉRATURE

Le Petit Ane blanc

*Sur la place du Marché, au pied du vieux Tanger, Bachir,
le petit bossu à la voix d'or, raconte comment ses soins et
son amitié ont sauvé de la mort le petit âne blanc, lui aussi
abandonné de tous.*

« Mes amis, je ne saurais vous dire si cette nuit a été très
longue ou très courte, mais quand le matin est venu j'ai
été tout surpris de voir entrer M. Evans, et il m'a semblé
entendre son propos comme dans un rêve. "Le bourricot
respire encore, et c'est déjà très étonnant. Mais rien n'est
changé. Il ne tient que par un souffle. A chaque instant
la vie peut le quitter. La seule espérance de le sauver est
toujours dans ton amitié pour lui, Bachir."

Et M. Evans est allé s'occuper des autres bêtes malades.
Et parce qu'il faisait grand jour, j'ai aperçu toutes les sale‑
tés du petit âne qui avaient inondé l'écurie, et j'ai senti sa
puanteur, et j'ai reniflé dans mes habits, et à travers leurs
trous, sur ma peau, l'odeur du sang flétri, du pus séché et
de la chair en pourriture. Le désespoir m'a pris. Je me suis
dit que tout ce que je pouvais entreprendre serait inutile.
J'ai pensé au soleil, à la rue, à Omar et Aïcha, aux gâteaux
de miel. Et je me suis dirigé vers la porte, sans plus vouloir
regarder le petit âne mourant.

Alors, lui, il s'est mis à braire, faiblement. Si faiblement
que je l'entendais à peine, mais cela m'a forcé à me retour‑
ner vers lui et j'ai vu ses yeux. Et ils étaient pleins d'une
grande intelligence et d'une grande misère. Et ils disaient :
"Vas-tu me laisser, Bachir, toi mon ami, toi, mon seul
ami ? Tu sais bien que si tu pars, je n'aurai pas la force de
vivre. Et j'ai si grand désir moi, aussi, de revoir la lumière,
de retrouver la chaleur, de trotter gaiement à travers les
rues joyeuses, de me rouler dans l'herbe des champs..."

Et je me suis approché du petit âne, et il a mis son
museau sur ma bosse de devant ; c'était un effort terrible
pour sa faiblesse. Aussitôt j'ai vu son regard devenir aveu‑
gle, et son corps inerte pendre sur la sangle qui le soute‑

nait. Et j'ai pensé que je l'avais tué en voulant l'abandonner. Alors, je me suis maudit de mon peu de courage et n'ai plus désiré rien que lui rendre le souffle. J'ai employé à cela tout ce que la nuit m'avait enseigné. Mais cette fois, la mort était encore plus près. Et j'ai senti que je ne pouvais plus rien. Alors, ô mes amis, j'ai subi la honte des larmes. Vous le savez, les enfants sans famille et sans abri ne peuvent pas pleurer, ou bien ils sont traités en esclaves. C'est la loi de la rue. Même les plus petits, même les filles la connaissent. Regardez Omar, regardez Aïcha : leurs yeux sont toujours secs. Hé bien, moi qui suis leur chef et, déjà, un homme, moi, Bachir, de tous le plus dur, je me suis mis à sangloter à cause de ce petit âne mourant et j'ai passé mes bras autour de son col écorché, déchiré et brûlé. Et j'ai appuyé mes larmes contre sa tête. Ainsi étais-je faible et lâche, quand j'ai senti quelque chose de tiède et tendre caresser ma joue. C'était une des oreilles du petit âne qui remuait. Une fois encore il revenait au désir de vie. »

Joseph Kessel,
Le Petit Ane blanc,
© Gallimard

L'Ami retrouvé

Comme tous les garçons de sa classe, Hans est fasciné par le nouvel élève, Conrad von Hohenfels, héritier d'une famille prestigieuse. Il parviendra à s'en faire un ami, mais Hans est juif et, en 1932, l'Allemagne s'apprête à porter Hitler au pouvoir.

« Je ne puis guère me rappeler ce que Conrad me dit ce jour-là ni ce que je lui dis. Tout ce que je sais est que, pendant une heure, nous marchâmes de long en large comme deux jeunes amoureux, encore nerveux, encore intimidés, mais je savais en quelque sorte que ce n'était là qu'un commencement et que, dès lors, ma vie ne serait plus morne et vide, mais pleine d'espoir et de richesse pour tous deux.

Quand je le quittai enfin, je courus sur tout le chemin du retour. Je riais, je parlais tout seul, j'avais envie de crier, de chanter, et je trouvai très difficile de ne pas dire à mes parents combien j'étais heureux, que toute ma vie avait changé et que je n'étais plus un mendiant, mais riche comme Crésus. Mes parents étaient, grâce à Dieu, trop absorbés pour observer le changement qui s'était fait en moi. Ils étaient habitués à mes expressions maussades et ennuyées, à mes réponses évasives et à mes silences prolongés, qu'ils attribuaient aux troubles de la croissance et à la mystérieuse transition de l'adolescence à l'âge viril. De temps à autre, ma mère avait essayé de pénétrer mes défenses et tenté une ou deux fois de me caresser les cheveux, mais elle y avait depuis longtemps renoncé, découragée par mon obstination et mon manque de réceptivité.

Mais, plus tard, une réaction se produisit. Je dormis mal parce que j'appréhendais le lendemain matin. Peut-être m'avait-il déjà oublié ou regrettait-il sa reddition ? Peut-être avais-je commis une erreur en lui laissant voir à quel point j'avais besoin de son amitié ? Aurais-je dû me montrer plus prudent, plus réservé ? Peut-être avait-il parlé de moi à ses parents et lui avaient-ils conseillé de ne pas se lier d'amitié avec un Juif ? Je continuai à me torturer ainsi jusqu'au moment où je tombai enfin dans un sommeil agité. »

Fred Uhlman,
L'Ami retrouvé,
traduction de Léo Lack,
© Gallimard

Fred le nain et Maho le géant

Le pays où vit Fred le nain est le théâtre de cataclysmes épouvantables : un géant en a fait son lieu de promenade ! Que faire pour se protéger de ce monstre ? Le combattre ? Lui tendre un piège ? Ou... gagner son amitié ?

« Le géant promenait son regard autour de lui avec une extrême attention. Il se pencha même un peu pour mieux voir, en plissant les paupières et en fronçant les sourcils. Il finit par tirer de sa poche une grande loupe et par tout examiner minutieusement, comme s'il cherchait un objet perdu.

Assis au milieu de la Fleur d'Amitié, Fred le nain aurait voulu se confondre avec le pistil, depuis que le géant s'était réveillé, et il suivait avec une vive crainte chacun de ses mouvements. Au pied de la tige, la fée Lihi ne somnolait plus du tout. Elle était debout et surveillait entre les arbres le visage du géant. Ré et Réba, dressés sur la crête de la montagne, demeuraient figés dans une immobilité parfaite, l'œil et l'oreille attentifs, tandis que l'alouette

Lulu s'était perchée sur les bois de son ami le chevreuil. Depuis l'observatoire, Mina, entourée de ses six enfants, regardait elle aussi, effrayée par l'air sévère du géant. Et quand il se mit à pousser un nouveau grognement, tout le monde sursauta, terrifié.

C'est alors que le géant découvrit la Fleur d'Amitié et, au fond de la corolle, le pauvre nain qui ressemblait à un gros bourdon. Fred vit au-dessus de lui l'énorme loupe et à travers elle un œil monstrueux, encore grossi par le verre, qui le fixait. Puis il ressentit un ébranlement si fort qu'il pensa à un tremblement de terre et la fleur fut agitée par de violentes bourrasques qui la fouettaient en tous sens. Désespéré, le nain s'agrippait comme il pouvait au pistil, aux étamines et aux pétales et fermait les yeux d'épouvante. Enfin les trépidations, les rafales et le bruit diminuèrent et Fred ouvrit un œil, puis tous les deux et poussa un petit cri, tant il était interloqué. Car en vérité ce qu'il voyait était extraordinaire : le géant riait !

Tout ce tohu-bohu avait été causé par un éclat de rire du géant, qui riait encore, en regardant la fleur. Ses joues étaient baignées par des larmes de rire. Il s'arrêtait un instant, puis recommençait à petits coups. Enfin il sortit un mouchoir de sa poche et s'épongea longuement les yeux. Ce rire ne rassurait guère Fred, qui n'y comprenait rien. Et il eut encore bien peur, quand le géant posa sa loupe et cueillit la Fleur d'Amitié pour l'approcher de son visage. La secousse fut si brutale que le nain faillit dégringoler et se maintint à grand-peine.

C'est à ce moment qu'il entendit pour la première fois le géant parler. Sa voix n'était pas trop forte et, au contraire, assez agréable. Mais ce qu'il disait était stupéfiant :

– C'est donc toi, Fred le nain. Je ne pensais pas te trouver dans une fleur ! Je m'appelle Maho. »

Rémi Laureillard,
Fred le nain et Maho le géant,
© Gallimard

Les Amis inconnus

Nos amitiés sont-elles le fruit du simple hasard de nos rencontres ? Jules Supervielle imagine que des amis nous sont destinés, que nous ne rencontrerons jamais, ou que peut-être nous ne savons pas reconnaître.

Il vous naît un poisson qui se met à tourner
Tout de suite au plus noir d'une lame profonde,
Il vous naît une étoile au-dessus de la tête,
Elle voudrait chanter mais ne peut faire mieux
Que ses sœurs de la nuit les étoiles muettes.

Il vous naît un oiseau dans la force de l'âge,
En plein vol, et cachant votre histoire en son cœur
Puisqu'il n'a que son cri d'oiseau pour la montrer.
Il vole sur les bois, se choisit une branche
Et s'y pose, on dirait qu'elle est comme les autres.

Où courent-ils ainsi ces lièvres, ces belettes,
Il n'est pas de chasseur encor dans la contrée,
Et quelle peur les hante et les fait se hâter,
L'écureuil qui devient feuille et bois dans sa fuite,
La biche et le chevreuil soudain déconcertés ?

Il vous naît un ami, et voilà qu'il vous cherche
Il ne connaîtra pas votre nom ni vos yeux
Mais il faudra qu'il soit touché comme les autres
Et loge dans son cœur d'étranges battements
Qui lui viennent de jours qu'il n'aura pas vécus.

Et vous, que faites-vous, ô visage troublé,
Par ces brusques passants, ces bêtes, ces oiseaux,
Vous qui vous demandez, vous, toujours sans nouvelles
"Si je croise jamais un des amis lointains
Au mal que je lui fis vais-je le reconnaître ?"

Pardon pour vous, pardon pour eux, pour le silence
Et les mots inconsidérés,
Pour les phrases venant de lèvres inconnues
Qui vous touchent de loin comme balles perdues,
Et pardon pour les fronts qui semblent oublieux.

Jules Supervielle,
Le Forçat innocent,
© Gallimard

4
SOLUTIONS DES JEUX

Êtes-vous mouton, serpent ou renard ?

(p. 99)

Si vous obtenez une majorité de ☆ : vous êtes plutôt mouton. Doux, conciliant, un tantinet timoré, vous n'osez pas vous jeter à l'eau et vous trouvez souvent confortable de vous ranger à l'avis des autres. Ah ! si seulement vous pouviez vivre à jamais dans la chaleur du cocon familial ! Vous aimez les couleurs fraîches, les paysages accueillants, les situations sans histoires. Vous êtes ce qu'on appelle une « bonne nature », mais attention le monde est rempli de grands méchants loups.

Si vous obtenez une majorité de □ : vous êtes serpent ; discret, secret, élégant, souple, mais redoutable, voire cruel quand vous le voulez. Vous avez horreur qu'on vous dérange, et de ce fait vous semblez taciturne à beaucoup. Vous êtes un peu comme l'eau qui dort, il ne faut pas vous froisser, sinon gare ! Vous savez parfaitement où piquer pour faire mal. Séduisant, envoûtant même, vous êtes aussi peu facile à comprendre qu'à vivre. Une véritable énigme...

Si vous obtenez une majorité de △ : vous êtes renard, sans aucun doute. Nerveux, rusé, rapide et pétulant, vous avez un grand appétit de vivre et vous êtes à l'aise dans les situations difficiles. Mais il ne faut pas venir marcher sur vos plates-bandes, car alors vous montrez les dents, prêt à mordre. En famille, vous êtes chaleureux et enjoué. Dans le fond, vous n'êtes pas mauvais...

Dix questions pour commencer

(p. 100)

1 : C (p. 10) - 2 : A (p. 11) - 3 : B (p. 14) - 4 : A (p. 19) - 5 : B (p. 19) - 6 : C (p. 18) - 7 : C (p. 27) - 8 : A (p. 30) - 9 : B (p. 32) - 10 : C (p. 34)

Chaque réponse exacte vaut 2 points.

Si vous obtenez de 16 à 20 points : bravo ! Votre lecture a été attentive et votre mémoire fidèle. Vous n'aurez aucun problème pour jouer aux jeux qui vous seront proposés par la suite.

Si vous obtenez de 12 à 16 points : c'est bien, vous avez retenu l'essentiel ; cependant quelques détails vous ont échappé. Faites un effort d'attention, sinon vous risquez de tomber en panne, comme l'auteur...

Si vous obtenez de 8 à 12 points : vous avez visiblement survolé la première partie du livre. Pourquoi ne pas relire les passages que vous avez négligés ? Vous serez ainsi mieux à même de jouer avec nous dans les pages qui suivent.

Si vous obtenez moins de 8 points : soit vous n'aimez pas les histoires de petit prince, soit vous êtes complètement dans la lune... Une seconde lecture ne serait peut-être pas inutile ?

Dix questions pour continuer
(p. 104)

1 : A et C (p. 40-41) - 2 : B (p. 41) - 3 : B (p. 42) - 4 : C (p. 45) - 5 : A (p. 47) - 6 : B (p. 45-47) - 7 : C (p. 52) - 8 : B (p. 55) - 9 : A (p. 56) - 10 : A (p. 57)

Chaque réponse exacte vaut 2 points .

Si vous obtenez de 16 à 20 points : félicitations ! Les tribulations du petit prince n'ont plus de secret pour vous.

Si vous obtenez de 12 à 16 points : vous avez suivi avec intérêt le petit prince dans les différentes étapes de son voyage, mais quelques détails vous ont échappé. Relisez les passages que vous avez négligés.

Si vous obtenez de 8 à 12 points : on dirait que vous avez lu ce livre par devoir. Peut-être d'autres livres pourraient-ils vous donner le goût de lire ? A vous de choisir votre genre favori !

Si vous obtenez moins de 8 points : apparemment les voyages interplanétaires ne vous passionnent pas. Une seconde lecture vous ferait peut-être apprécier d'autres aspects du livre.

Les couchers de soleil
(p. 106)

Sur la planète de l'allumeur de réverbères, on peut assister à 1 440 couchers de soleil (p. 53).
Sur une planète qui effectuerait un tour toutes les secondes, on pourrait assister à 86 400 couchers de soleil par 24 heures.

Dix questions pour conclure
(p. 107)

1 : B (p. 62) - 2 : C (p. 64) - 3 : B (p. 77) - 4 : A (p. 60) - 5 : C (p. 66) - 6 : C (p. 78) - 7 : A (p. 69) - 8 : B (p. 76) - 9 : A (p. 82) - 10 : C (p. 91)

Chaque réponse exacte vaut 2 points .

Si vous obtenez de 16 à 20 points : bravo ! Vous êtes un lecteur accompli. Après le désert, vous êtes mûr pour entreprendre la traversée des océans !

Si vous obtenez de 12 à 16 points : vous avez réussi la traversée du désert malgré quelques erreurs d'orientation. Bonne chance pour les jeux qui vont suivre.

Si vous obtenez de 8 à 12 points : la chaleur du désert a visiblement affaibli vos facultés d'attention et de mémoire. Reposez-vous et relisez à tête reposée les passages que vous avez négligés.

Si vous obtenez moins de 8 points : le petit prince est resté pour vous un personnage énigmatique. Vous préférez certainement les romans d'aventures, pleins de cris et de batailles. Essayez une seconde lecture, vous serez peut-être plus sensible à la poésie de ce livre.

Les grands déserts du monde
(p. 111)

1 : C - 2 : F - 3 : D - 4 : B - 5 : A - 6 : E

A la découverte du ciel
(p. 112)

1 : C - 2 : E - 3 : A - 4 : F - 5 : D - 6 : B

« Le langage est source de malentendus »
(p. 113)

1. A : compter - B : butte - C : chas - D : faim - E : champ - F : corps - G : paon - H : chaux - I : file - J : verre

2. A : court / cour / cours - B : ceint / sein / saint - C : vingt / vain / vin - D : pois / poids / poix - E : foi / foie / fois

Mots croisés
(p. 114)

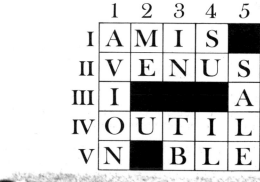

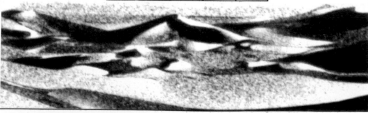

Si vous avez le goût de l'aventure…
ouvrez la caverne aux merveilles
et découvrez des classiques de tous les temps
et de tous les pays

dans la collection FOLIO JUNIOR

Les « classiques »… de vieux bouquins poussiéreux, dont le nom seul évoque des dictées hérissées de pièges grammaticaux perfides et des rédactions rébarbatives ? Pas du tout ! Avec les classiques, tout est possible : les animaux parlent, une grotte mystérieuse s'ouvre sur un mot magique, un homme vend son ombre au diable, un chat ne laisse dans l'obscurité des feuillages que la lumière ironique de son sourire ; on s'y préoccupe de trouver un remède contre la prolifération des baobabs et la mélancolie des roses ; les sous-préfets y font l'école buissonnière, les chevaliers ne sont pas toujours sans peur et sans reproche ; on s'y promène autour du monde et vingt mille lieues sous les mers…

Aventures prodigieuses de Tartarin de Tarascon

Alphonse Daudet

n° 454

Le roman de la momie

Théophile Gautier

n° 465

Le hardi petit tailleur

Grimm

n° 715

Histoires comme ça

Rudyard Kipling

n° 432

Le loup et l'agneau

Jean de La Fontaine

n° 654

Contes de ma mère l'Oye

Charles Perrault

n° 443

Poil de carotte

Jules Renard

n° 466